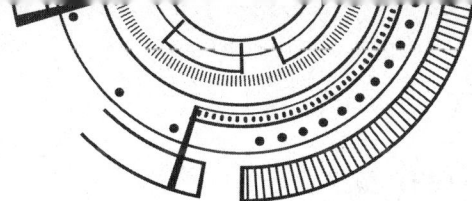

国际社会保障标准对社会保障权的保护研究

吕　茵◎著

九州出版社
JIUZHOUPRESS

图书在版编目（CIP）数据

国际社会保障标准对社会保障权的保护研究／吕茵
著．--北京：九州出版社，2022.12
ISBN 978-7-5225-1282-2

Ⅰ.①国… Ⅱ.①吕… Ⅲ.①社会保障—研究—中国
Ⅳ.①D632.1

中国国家版本馆 CIP 数据核字（2023）第 002622 号

国际社会保障标准对社会保障权的保护研究

作　　者	吕　茵　著
责任编辑	沧　桑
出版发行	九州出版社
地　　址	北京市西城区阜外大街甲 35 号（100037）
发行电话	（010）68992190/3/5/6
网　　址	www.jiuzhoupress.com
印　　刷	唐山才智印刷有限公司
开　　本	710 毫米×1000 毫米　16 开
印　　张	13
字　　数	145 千字
版　　次	2024 年 3 月第 1 版
印　　次	2024 年 3 月第 1 次印刷
书　　号	ISBN 978-7-5225-1282-2
定　　价	68.00 元

前　言

　　社会保障是一项基本人权，1948 年《世界人权宣言》和 1966 年《经济、社会与文化权利国际公约》以及许多其他国际人权文件都明确确认了社会保障权。国际劳工组织自 1919 年成立以来，专门负责制定国际劳工标准，在促进和扩大全球社会保障中一直发挥着主导作用。在全球化的背景下，为了遏制全球范围内经济"向下竞争"的趋势，联合国及其专门机构，特别是国际劳工组织，从人权的立场参与制定跨国社会保障政策，使社会保障与经济发展一起成为发展和进步的有机部分。国际劳工组织带头建设全球化的社会层面，倡导成员国构建社会保护底线机制，以弥补全球经济中的社会保障赤字。100 多年来，国际劳工组织制定的社会保障标准规定了社会保障权的法律框架和实质性内容，这些标准已纳入国际社会保障法，为保护社会保障权提供了坚实的基础，为各国建立全面、可持续和适当的社会保障制度提供了大量参考。

　　本书主要探讨国际社会保障标准对社会保障权保护的理论基础、发展历程、立法框架、保护内容、面临的挑战及未来发展趋势，分析国际社会保障标准对我国社会保障法律体系的影响，并对我国社会保障法律制度与国际社会保障标准进行比较，提出完善我国社会保障法律体系的对策。

目　录
CONTENTS

第一章

导 论

第一节 研究背景与研究意义

一、研究背景

社会保障权既是研究社会保障问题的逻辑起点，也是社会保障制度的核心问题。社会保障权的理念和社会保障制度是人类经济、社会、政治和法律文明成果的结晶。社会保障是一项人权，1944年，国际劳工组织在《费城宣言》中呼吁各国"向所有需要社会保障保护的人提供基本的收入保障和全面的医疗卫生服务"[①]。该宣言是第一部从人权角度构想社会保障的国际文书。1948年，《世界人权宣言》正式确认社会保障是一项人权，并且是一项个人权利。随后，社会保障权被纳入1966年《经济、社会和文化权利国际公约》以及许多具有法律约束力的国际人权公约和区域人权公

[①] 刘旭. 国际劳工标准概述 [M]. 北京：中国劳动社会保障出版社，2003：167.

约中。

虽然，社会保障权在国际人权法中得以确认已有 70 多年了，但是，社会保障权在理论和实践上没有得到应有的重视。从更大的国际背景来看，该问题也是第二代人权——经济和社会权利所面临的共同问题。当社会保障权不再只是宣示性的口号，而成为需要付诸实施的法律概念时，社会保障权保护研究便成为不可回避的首要问题。

20 世纪 90 年代以来，全球经济、社会和政治发生了巨大的变化，包括经济全球化、人口老龄化和家庭结构小型化、非正规经济扩大化、性别平等化、劳动力管理数字化等都发生了变化，这些变化为生产商品和提供服务创造了新的机会，同时，也带来了沉重的社会成本和产生了新的不稳定和不确定形式。全球社会保障面临着覆盖面、适度性和可持续发展等诸多问题，社会保障权的保护任重而道远。

鉴于全球化过程中社会保障面临的诸多问题，国际组织尤其是联合国和国际劳工组织积极应对。2000 年，联合国通过《千年发展目标》，该计划共分 8 项目标，旨在将全球贫困水平在 2015 年之前降低一半。2015 年，联合国通过《可持续发展目标》，该计划共分 17 项目标，旨在从 2015 年到 2030 年间以综合方式彻底解决社会、经济和环境三个维度的发展问题，转向可持续发展道路①。国际劳工组织自 1919 年成立以来，促进社会保障权一直是其任务的重要组成部分。从那时起，国际劳工组织被确立为这一领域的权威

---

① 可持续发展目标 [EB/OL]. [2022-11-22]. https：//www.un.org/sustainabledevel-opment/zh/development-agenda/.

机构，社会保障也是其标准制定的重点领域之一。1999 年，国际劳工组织提出"体面劳动"的新理念，2001 年重申社会保障是一项人权，2003 年发起人人享有社会保障的全球运动，2012 年 6 月，第 101 届国际劳工大会通过了《社会保护底线建议书》（第 202 号建议书）。目前，国际劳工组织正采取基于人权的社会保护方法，促进人人享有社会保障权，以实现全民社会保护，从而实现可持续发展目标。

中国已于 1997 年 10 月签署了《经济、社会和文化权利公约》，该公约在 2001 年 3 月 7 日批准，6 月 27 日生效，这表明中国在国际层面承认了社会保障权。中国宪法规定了企事业组织职工和国家机关工作人员的退休权、特定公民的物质帮助权、国家建立健全同经济发展水平相适应的社会保障制度和国家尊重和保障人权，但对社会保障权不够明确。在法律层面，1995 年实施的《劳动法》，设专章对社会保险和福利作出了规定，2010 年通过了《社会保险法》，但是，中国目前还没有制定综合性的《社会保障法》《社会救助法》《社会福利法》等法律。

在经济全球化的背景下，中国已加快人权保护以及社会保障立法进程，因此，社会保障权国际保护问题以及国际社会保障标准对中国的影响已成为社会保障领域研究的课题。

二、研究意义

本书主要研究社会保障权保护和实现的国际标准和机制，重点是国际人权文书和国际劳工组织社会保障标准对社会保障权保护和实现的标准和机制。一方面，通过从理论上分析目前国际社会保障标准对社会保障权保护的理念和原则、主要标准、实现机制及存在问题，来探讨能够实现社会保障权的国际标准实施机制的完善，为中国社会保障立法及公民社会保障权的实现提供一定的理论指导。另一方面，通过分析国际社会保障标准对社会保障权保护的具体内容和特点，以及其对国家社会保障法律发展的影响，为中国政府部门批准国际社会保障公约以及进行社会保障立法提供灵活且具有现实意义的指导和参考。

第二节　概念界定

概念界定是研究的前提条件和基础。本书以国际社会保障标准对社会保障权的保护作为研究对象。因此，将对本书涉及的社会保障与社会保护、人权与社会保障权、国际劳工标准与国际社会保障标准等概念加以界定。

一、社会保障与社会保护

"社会保障"和"社会保护"两个概念的使用方式多种多样，在许多情况下，二者是可以互换的，但它们并不总是一致的，世界各国和国际组织之间以及不同时期之间在使用这两个概念时都有很大的差异。

（一）社会保障

"社会保障"一词由英语"social security"翻译而来，用"社会"作为"保障"的前缀，强调了保障的责任是从个人转移到社会，从一定意义上来说，社会保障意味着"团结"①。在1935年之前，社会保障被称为社会保险或劳动保险。1935年，"社会保障"一词首次在美国《社会保障法》（the Social Security Act of 1935）的标题中正式使用。1941年，战时文件《大西洋宪章》两次提及社会保障②。1941年，英国经济学家威廉·贝弗里奇负责对当时英国的社会保障方案及相关服务进行调查，并就战后重建社会保障计划进行构思设计，提出具体方案和建议。1942年，贝弗里奇提交了《社会保险和相关服务》的报告，即《贝弗里奇报告》。该报告认为社会保障是"一项防备谋生能力中断或丧失以及补偿因生育、婚嫁或死亡而产生的特殊支出的社会保险方案"③。英国社会保障计划的核心是社会保险方案，国民救助和自愿保险方案等为辅助措施，目标是消除贫困。

1985年，中国在《中华人民共和国国民经济和社会发展第七个五年计划（摘要）》（1986—1990）提出了"'七五'期间，要有步骤地建立起具有中国特色的社会主义的社会保障制度雏形"④。这是中国使用"社会保障"一词的第一个正式文件。从此，社会保障在中国得到广泛使用和深入研究。在理论学术界，郑功成在综合考察现代社会保障制度在各国的发展实践以及国际性组织、部分国

① REYNAND EMMANOEL. The Right to Social Security-Current Challenges in International Perspective [M] //RIEDEL EIBE. Social security as a human right: Drafting a general comment on Article 9ICESCR-Some challenges. Berlin: Springer, 2007: 20.
② ILO. Introduction to Social Security [M]. Geneva: ILO, 1984: 3.
③ [英] 贝弗里奇. 贝弗里奇报告：社会保险和相关服务 [M]. 劳动和社会保障部社会保险研究所，译. 北京：中国劳动社会保障出版社，2004：5.
④ 中华人民共和国国民经济和社会发展第七个五年计划（摘要）[EB/OL]. [2013-07-20]. http://www.npc.gov.cn/wxzl/gongbao/2000-12/26/content_5001764.htm.

家政府及有关学者对社会保障的概念后，提出了社会保障的定义：社会保障是国家或社会依法建立的、具有经济福利性的、社会化的国民生活保障系统。在中国，社会保障则是各种社会保险、社会救助、社会福利、医疗保障、福利服务以及各种政府或企业补助、社会互助等社会措施的总称。该定义强调了社会保障的实施主体是国家或社会，实施依据是相应的社会立法，目标是保障和改善国民生活、增进国民福利，保障层次包括经济保障、服务保障和精神保障①。

本文的研究对象是国际社会保障标准，因此，下面主要分析国际劳工组织关于社会保障的概念界定。

国际劳工组织一直致力于在世界范围内促进社会保障工作，在第二次世界大战期间，国际劳工组织从社会保险模式转向社会保障模式。1944 年，第 26 届国际劳工大会通过《费城宣言》，正式采用"社会保障"一词，该宣言明确"承认国际劳工组织在世界各国推进各种计划的庄严义务，以达到：（f）扩大社会保障措施，以便使所有需要此种保护的人得到基本收入，并提供完备的医疗服务"②。随后，国际劳工组织多次使用这一新词，社会保障逐渐被世界各国使用和接受。

1984 年，国际劳工组织在出版的《社会保障导论》中对社会保障界定：社会保障是指社会通过一系列的公共措施，防止社会成

---

① 郑功成. 社会保障概论 [M]. 上海：复旦大学出版社，2018：5-6.

② Declaration concerning the aims and purposes of the International Labour Organisation（DECLARATION OF PHILADELPHIA） [EB/OL]. [2013-07-20]. http://www.ilo.org/dyn/normlex/en/f? p = 1000：62：2986122781967248：：NO：62：P62 _ LIST_ ENTRIE_ ID：2453907：NO#declaration.

员因疾病、年老、残疾、死亡、工伤、失业和生育所造成的工资停发或大幅减少，引起经济和社会危机而提供收入保障和医疗服务，以及为有孩子的家庭提供补贴①。从这个概念中，可以看出社会保障包括社会保险、社会救助和社会福利。

2010 年，国际劳工组织在出版的《世界社会保障报告（2010—2011）：危机期间和后危机时代的社会保障覆盖》中对社会保障界定：社会保障涵盖了提供津贴的所有措施，包括现金和实物，以确保人们在遭遇风险或有不时之需的情况下得到保护。其中，这些情况包括：（1）因疾病、残疾、生育、工伤、失业、年老或供养人死亡而缺乏与工作有关的收入或收入不足；（2）无法获得或负担不起医疗服务费用；（3）家庭支持不足，特别是儿童和成年被抚养人；（4）一般贫困和社会排斥②。因此，社会保障有两个层面的主要功能，即"收入保障"和"医疗服务"。

国际劳工组织在 1944 年《收入保障建议书》（第 67 号建议书）和 1944 年《医疗服务建议书》（第 69 号建议书）中对上述两个层面明确确定为"社会保障的基本要素"。这两部建议书勾画了全面社会保障的蓝图，第一，"收入保障计划通过将无法工作（包括老年人）或无法获得有报酬的工作或因养家糊口者死亡而损失的收入恢复到合理水平，来缓解物质匮乏和防止贫困"；第二，"医疗服务应满足个人对医务人员提供服务的需求"，"医疗服务应涵盖所有社会成员"。这两个层面也反映在《费城宣言》中，该宣言提到"扩

---

① ILO. Introduction to Social Security ［M］. Geneva：ILO，1984：2-3.
② ILO. World Social Security Report 2010/11：Providing coverage in times of crisis and beyond ［M］. Geneva：ILO，2010：13.

大社会保障措施，以便使所有需要此种保护的人得到基本收入保障，并提供完备的医疗服务"①。

总的来说，随着经济社会的发展，社会保障内涵和外延不断扩展。作为一个动态的综合性概念，社会保障包括以下几方面的特征：第一，社会保障的责任主体是国家。虽然，目前，许多私营机构也承担提供社会保障的责任，但社会保障是一项公共责任，通常通过公共机构提供，资金来源于缴费或征税。第二，社会保障的受益主体是遭遇风险或有不时之需的公民，受益人接受福利津贴，没有任何同时的互惠义务。第三，社会保障的目标是人人享有社会保障。社会保障不是基于受保护人和提供者之间的个人协议，而是适用于更广泛人群的公共政策，因此具有集体性质。社会保障通过提供收入保障和医疗服务，防止人们陷入贫困，实现人人体面劳动和尊严生活的愿望。

（二）社会保护

目前，社会保护（Social Protection）一词在世界各国与许多国际机构中使用，其含义比社会保障更广泛。国际劳工组织对社会保护的解释：社会保护通常被理解为比社会保障具有更广泛的性质，特别包括在家庭成员之间或当地社区成员之间提供的保护，但在某些情况下，它也有狭义的用法，被理解为仅包括针对最贫困、最脆弱或被社会排斥的社会成员采取的措施。在国际劳工组织的相关报告中提到的社会保护可以参考以下两个方面：（1）可与社会保障互换

---

① ILO. World Social Security Report 2010/11: Providing coverage in times of crisis and beyond [M]. Geneva: ILO, 2010: 14.

使用；（2）由社会保障提供的保护，以应对社会风险和社会需求①。

关于社会保护的外延，《世界社会保障报告（2010—2011）：危机期间和后危机时代的社会保障覆盖》列举了欧洲委员会（EC）、经济合作与发展组织（OECD）（下面简称"经合组织"）和联合国（UN）所分的类。欧洲委员会的社会保护分类包括 8 个分项，即疾病/医疗服务保护、残疾保护、老年保护、遗属保护、家庭/儿童保护、失业保护、住房保护和其他未分类的社会排斥保护。经合组织的社会保护的分类有 9 项：老年保护、遗属保护、丧失劳动能力保护、健康保护、家庭保护、积极的劳动力市场项目、失业保护、住房保护、其他社会政策领域。联合国的社会保护分类建立在政府职能分类的基础上，首先被分成两个独立的功能：健康保障和社会保护。然后社会保护又被分成了 9 类：疾病和伤残保护、老年保护、遗属保护、家庭和儿童保护、失业保护、住房保护、其他未分类的社会排斥保护、社会保护研究和开发，以及其他未分类的社会保护②。

2012 年 6 月，国际劳工组织第 101 届国际劳工大会通过了 2012 年《社会保护底线议书》（第 202 号建议书），在该建议书中，提出社会保护底线的概念。社会保护底线是指国家确定的一套基本的社会保障措施，目的是为防止或消除贫困、脆弱性以及社会排斥而提供的保护。该建议书要求成员国应尽快建立并且完善以及实施其包括基本社会保障措施的社会保护底线。这些措施至少应保证所有

---

① ILO. World Social Security Report 2010/11：Providing coverage in times of crisis and beyond［M］. Geneva：ILO，2010：7.

② 国际劳工局. 世界社会保障报告（2010—2011）：危机期间和后危机时代的社会保障覆盖［M］. 人力资源和社会保障部社会保障研究所，译. 北京：中国劳动社会保障出版社，2011：24-26.

需要此种保护的人在其整个生命周期内能够享有基本的医疗服务和基本的收入保障，以实现全民社会保护。并按照国际劳工组织制定的社会保障标准，成员国逐步实现更高水平的保护。

2017年，国际劳工组织在出版的《世界社会保障报告（2017—2019）》中对社会保护的定义：社会保护是一项人权，是一整套旨在减少和预防人们在整个生命周期中的贫困和脆弱性的政策和制度。社会保护包括儿童和家庭福利、生育保护、失业保护、工伤保护、疾病津贴、老年津贴、残障福利、遗属津贴以及健康保障。社会保护体系通过多种缴费型制度（社会保险）和非缴费型的税收筹资福利的组合来提供上述政策领域的保障待遇[①]。

总的来说，社会保护比社会保障更具包容性、开放性和可操作性。社会保护对实现可持续发展目标，促进社会公正并实现人人享有社会保障的人权而言至关重要。因此，社会保护政策是国家发展战略的重要组成部分，它旨在通过提高家庭收入、促进生产力和人类发展，扩大内需，促进经济结构转型和体面劳动来减少全生命周期中的贫困和脆弱性，支持包容性和可持续发展[②]。

二、人权与社会保障权

（一）人权

人权（human right）是指在一定的社会历史条件下每个人按其

[①] 国际劳工组织. 世界社会保障报告（2017—2019）：全民社会保护以实现可持续发展目标 [M]. 华颖，等译校. 北京：中国劳动社会保障出版社，2019：3-4.

[②] 国际劳工组织. 世界社会保障报告（2017—2019）：全民社会保护以实现可持续发展目标 [M]. 华颖，等译校. 北京：中国劳动社会保障出版社，2019：3-4.

本质和尊严享有或应该享有的基本权利①。人权的本质特征是自由和平等，其实质内容和目标是人的生存与发展。

人权是一个社会历史的范畴，不同社会、不同阶级有不同的人权观。世界上每个国家的历史、政治、经济、风俗习惯、文化传统等都存在着比较大的差异，各国对人权的理解也不尽相同，不可能有完全统一的人权观。

1625 年，荷兰法学家格劳秀斯在其名著《战争与和平法》中第一次明确提出"人权"概念，并用专章论述"人的普遍权利"②，同时期的荷兰哲学家斯宾诺莎在其《神学政治论》中提出并论证"天赋之权"③。这些权利来自造物主，人所固有、与生俱来、不能放弃、不可剥夺。《牛津法律大词典》对人权的定义：人权是指人们主张应当有或者有时明文规定的权利，这些权利在法律上得到确认并受到保护，以此确保个人在人格和精神、道德以及其他方面的独立得到最全面、最自由的发展④。该人权定义是基于自然法和自然权利的理论。

人权的确为个人提供了某些针对国家和社会而拥有的不可剥夺的权利。然而，人不是抽象的，人不仅具有自然属性，还具有社会属性，一个人不能孤立地存在，还要与其他人生活在一起，从属于

---

① 什么是人权？［EB/OL］. https：//www. humanrights. cn/html/2014/rqzs_ 0612/491. html.

② ［荷］格劳秀斯. 战争与和平法（第二卷）［M］. 马呈元，谭睿，译. 北京：中国政法大学出版社，2016.

③ ［荷］斯宾诺莎. 斯宾诺莎文集（第3卷）［M］. 温锡增，译. 北京：商务印书馆，2014.

④ ［英］沃克. 牛津法律大词典［M］. 李双元，等译. 北京：法律出版社，2003：538.

某一个社会。《中国人权百科全书》对人权的定义：人权是人依其自然属性和社会本质所享有和应当享有的权利。美国学者路易斯·亨金认为：人权是个人在社会中的权利，每个人因为是社会成员而享有或有资格享有权利，这种权利是合法的、有效的、具有正当理由的①。上述人权定义反映了"法赋人权"的思想，其理论基础是法治原则。它意味着：一方面，法律必须保护人权。这些权利是每一个人按其本质或本性应该享有和不容侵犯的，它们不是一种恩赐或施舍，而是人所固有的，与生俱来的。这些权利是个人作为"自然"的人所享有的权利，是基于人的自然属性，是个人对社会和国家的要求。国家法律和政府行为应以确认、保护和实现这些权利为目标，而不得加以妨碍和侵犯。另一方面，只有受国家法律保障的人权才是合法的权利。这些权利是个人作为"社会"的人所享有的权利，是基于人的社会属性。"权利"一词包括"权力"和"利益"两方面的含义，只有被国家"权力"确认为合法进而受国家法律保障的"利益"才是权利。权利是法律的产物，而且仅仅是法律的产物，没有法律就没有权利，不存在与法律相抗衡的权利，也不存在先于法律的权利②。

人权作为一个普遍的政治概念，最初是十七世纪由欧洲新兴资产阶级为反对封建神权、君权和等级特权而提出来的。随着资产阶级在政治上取得统治地位，这种"天赋人权"的思想相继以根本大法的形式固定下来。1776年，美国《独立宣言》、1789年的法国《人权和公民权宣言》，以及1789年美国宪法前十条修正案（《权

① ［美］亨金. 权利的时代 ［M］. 信春鹰，等译. 北京：知识出版社，1997：2.
② 徐显明. 国际人权法 ［M］. 北京：法律出版社，2004：5.

利法案》）都反映了这种天赋人权的思想①。西方的"天赋人权"
学说有两个根本点：第一，"天赋人权"的主体是"自然人"，即
超越社会关系、超越历史发展、与世隔绝的孤立的个人，因而这种
自然权利实质上是个人至上的权利；第二，这种自然权利是"天赋
的"，亦即绝对的、永恒的，因而任何他人、社会和政府都不能干
预、制约和剥夺。西方传统人权概念的基本内涵，用马克思的话来
说，无非是"脱离了人的本质和共同体的利己主义的人的权利"②。

事实上，人权思想在中国古已有之，且与西方存在着诸多共通
之处。中国灿烂的古代文化孕育了自己独特的人权观念、思想和传
统。在以孔子为代表的中国儒家文化的人道主义传统中，以人道、
"仁爱"待人，"先人后己""己欲立而立人，己欲达而达人""己
所不欲，勿施于人"等观点，都蕴含了独特的人权理念。儒家还提
出了"四海之内皆兄弟"以及建立"老有所终，壮有所用，幼有
所长，鳏寡孤独废疾者皆有所养"的和谐"大同世界"的社会
理想③。

19 世纪中叶，马克思、恩格斯对西方经典人权理论的扬弃和
对资产阶级人权观局限性的批判，促使人权理论进一步发展完善。
正如马克思指出，人权是历史的、商品经济的产物，而不是所谓
"天赋的"。马克思主义追求"人的解放"，并强调社会革命不能再
求助于"历史权利"，"而只能求助于人权"，充分实现人权是人类

---

① 徐显明. 国际人权法［M］. 北京：法律出版社，2004：3.
② 西方传统人权概念的基本内涵是什么？［EB/OL］. https://www.humanrights.cn/html/2014/rqzs_0612/494.html
③ 中国古代、近现代的人权思想是怎样的？［EB/OL］. https://www.humanrights.cn/html/2014/rqzs_0612/493.html.

"最崇高的，具有世界历史意义的目的"①。

当代中国人权观把马克思主义人权观同中国具体实际相结合、同中华优秀传统文化相结合，总结中国共产党团结带领人民尊重和保障人权的成功经验，借鉴人类优秀文明成果，顺应时代潮流，是对人类人权文明的积极贡献。中国愿意与世界各国一道，促进全球人权治理，积极推动构建人类命运共同体②。

人权所包含的具体的权利和基本自由规定在《世界人权宣言》《公民权利和政治权利国际公约》《经济、社会和文化权利国际公约》、其他人权公约以及联合国和区域组织制定的有关人权宣言和准则中。中国认为，生存权和发展权是首要的人权，也是享有其他人权的基础，维护和实现生存权和发展权是世界各国在人权方面的首要任务。

《世界人权宣言》包含了两个权利范畴：一类是公民权利和政治权利，一类是经济、社会和文化权利。1966 年的《公民权利和政治权利国际公约》和《经济、社会和文化权利国际公约》就是这两类权利在国际法上的具体规定。一般认为，对于公民权利和政治权利的规定要求尽快实现；对于经济、社会和文化权利则要求国家采取步骤，尽最大能力逐步实现。对公民权利和政治权利采用"个人享有的权利"的措辞，而对经济、社会和文化权利则使用"国家行为"的措辞，因为它们具有集体权利的倾向。

生存权和发展权是首要的人权，也是享有其他人权的基础，维

---

① 安英昭. 人权为何是人类的共同追求？[EB/OL]. http：//www. chinanews. com. cn/gn/2022/06-06/9773068. shtml

② 柳华文. 人权是人类文明进步的标志 [EB/OL]. http：//politics. people. com. cn/n1/2022/0530/c1001-32433292. html

护和实现生存权和发展权是世界各国在人权方面的首要任务①。

人权的存在有三种基本形态：应有权利、法定权利和实有权利。应有权利是目标、标准，法定权利是手段、保障，实有权利是一个社会的人权现状。人权要求法治以个人的应有权利为核心价值和理念，并通过对应有权利的确立和保护来树立和实现法律的权威，所以，制度性人权才是所有人权研究最终应归之于一的人权，而制度的人权化和人权的制度化，才是法治原则的终极目标②。

（二）社会保障权

社会保障权（The right to social security）作为一项权利产生于第一次世界大战结束时。1919 年，德国颁布《魏玛宪法》，第一次明确规定社会保障权。该宪法第 151 条第 1 款规定"经济生活的秩序必须适合社会正义的原则，而所谓社会正义，则在于保障所有社会成员能够过上体现人的价值、体现人的尊严的生活"。第二次世界大战后，社会权利被纳入制定的世界秩序中。1941 年《大西洋宪章》、1944 年《费城宣言》、1948 年《世界人权宣言》和 1966 年《经济、社会和文化权利国际公约》都承认了社会保障权，明确社会保障是一项人权。后来，在所有国家宪法中几乎都可以找到关于社会保障权的若干规定。2001 年，第 89 届国际劳工大会重申社会保障"是一项基本人权和创造社会凝聚力的基本手段"③。

社会保障权是一项基本权利，《中华人民共和国宪法》第十四

---

① 为什么说"生存权和发展权是首要的基本人权"？ ［EB/OL］. https：//www. humanrights. cn/html/2014/rqzs_ 0612/531. html.

② 徐显明. 国际人权法 ［M］. 北京：法律出版社，2004：8-9.

③ 国际劳工局. 社会保障：新共识 ［M］. 北京：中国劳动社会保障出版社，2004：1.

条第四款规定:"国家建立健全同经济发展水平相适应的社会保障制度。"第四十四条规定:"国家依照法律规定实行企业事业组织的职工和国家机关工作人员的退休制度。退休人员的生活受到国家和社会的保障。"第四十五条规定:"中华人民共和国公民在年老、疾病或者丧失劳动能力的情况下,有从国家和社会获得物质帮助的权利。国家发展为公民享受这些权利所需要的社会保险、社会救济和医疗卫生事业。国家和社会保障残废军人的生活,抚恤烈士家属,优待军人家属。国家和社会帮助安排盲、聋、哑和其他有残疾的公民的劳动、生活和教育。"第三十三条第三款规定:"国家尊重和保障人权。"① 保障公民享有社会保障权是我国的义务和责任。社会保障权是一项基本人权,是我国建立社会保障制度的理论基础和逻辑前提,

国际人权文件明确了社会保障权,但它们对社会保障权的确切定义几乎只字未提。国际劳工组织作为负责制定和推动劳工标准的联合国机构,制定了大量的社会保障标准,但对社会保障权也没有给予确切的定义,只是规定了社会保障权的参数和实质性内容。经济、社会和文化权利委员会负责监督《经济、社会、文化权利国际公约》的执行情况,2007 年,该委员会通过了《社会保障权的第19 号一般性意见》②(以下简称《第 19 号一般性意见》),逐步发展了社会保障权的内容,对社会保障权的界定有了质的进步。

---

① 中华人民共和国宪法 [EB/OL]. https://www.gov.cn/xinwen/2018-03/22/content_5276319.htm.
② UN Committee on Economic, Social and Cultural Rights (CESCR). General Comment No. 19: The right to social security (Art. 9 of the Covenant). 2008. E/C.12/GC/19: 2 [EB/OL]. [2013-08-10]. http://www.refworld.org/docid/47b17b5b39c.html.

《第 19 号一般性意见》参考了国际劳工组织的章程文件以及技术性社会保障公约和建议书，特别是 1952 年《社会保障（最低标准）公约》，对社会保障权所下的定义：社会保障权是指人们无歧视地获得和维持现金或实物形式津贴的权利，以确保在以下几种情况下获得保护，其中包括：（1）因疾病、残疾、生育、工伤、失业、年老或供养人死亡而导致与工作有关的收入不足；（2）负担不起医疗服务费用；（3）家庭支持不足，尤其是儿童和成年被抚养人①。

《第 19 号一般性意见》对社会保障权的概念进行了全面的解释，认为社会保障权不仅包括人们在面临与工作有关的风险和意外事故时获得社会保险津贴的权利，而且还包括人们在负担不起医疗服务或没有充足家庭支持的情况下获得医疗服务或家庭津贴的权利。享有社会保障权利不仅仅理解为获得津贴的权利，更重要的是当人们面临充分实现经济、社会及文化权利的能力受到剥夺时，社会保障权能够确保所有人的尊严。

社会保障是一个动态的综合性概念，随着经济社会的发展，社会保障权的内涵和外延不断扩展。近十多年来，世界各地的许多机构使用比社会保障含义更广泛的社会保护一词。2012 年，国际劳工组织通过了《社会保护底线建议书》（第 202 号建议书），目的是为防止或缓解贫困、脆弱性以及社会排斥而对所有社会成员的整个生命周期提供保护。因此，笔者综合国际劳工组织对社会保障所下

---

① UN Committee on Economic, Social and Cultural Rights (CESCR). General Comment No. 19: The right to social security (Art. 9 of the Covenant). 2008. E/C. 12/GC/19: 2 [EB/OL]. [2013-08-10]. http://www.refworld.org/docid/47b17b5b39c.html.

的最新定义和第 202 号建议书，对 2007 年《第 19 号一般性意见》中的社会保障权的定义进行补充，增加"一般贫困和社会排斥"情况，将社会保障权界定：社会保障权是指人们无歧视地获得和维持现金或实物形式津贴的权利，以确保在以下几种情况下获得保护，其中包括：（1）因疾病、残疾、生育、工伤、失业、年老或家庭成员死亡而缺乏与工作有关的收入（或收入不足）；（2）无法获得或负担不起医疗服务；（3）家庭支持不足，特别是儿童和成年被抚养人；（4）一般贫困和社会排斥。

　　根据上述定义，社会保障权包括以下几方面的性质：（1）全面性。社会保障制度旨在为所有意外事故和威胁人们维持充足生活标准的收入和能力的生命情况提供全面的保护；（2）普享性。所有需要社会保障的人们都能够获得它；（3）充足性和适当性。社会保障制度提供的津贴水平应具有充足性和适应性。虽然，津贴取决于社会保障类型及其法律，但它应以需要为基础，并至少达到足以保证个人生活在明确界定的最低生活水平或贫困线。提供的津贴形式也应与人们所需的环境相适应；（4）非歧视性。社会保障制度不应歧视任何人，不管人们的健康状况、宗教、国籍、民族、种族、性别、年龄、残疾、语言、收入或社会地位如何，都应平等地享有社会保障权利①。

---

① RIEDEL EIBE. Social Security as a Human Right：Drafting a General comment on Article 9 ICESCR-Some challenges ［M］. Berlin：SpringerVerlag，2007：32-35.

三、国际劳工标准与国际社会保障标准

(一) 国际劳工标准

国际劳工标准（International Labour Standards），又称国际劳动标准或国际劳动立法，是指国际劳工组织通过国际劳动立法所确定的关于劳工权益保护及劳动关系处理的原则、规则的规定①。国际劳工标准的渊源，包括《国际劳工组织章程》、国际劳工公约和建议书、国际劳工组织的决议、解释和判例以及联合国和地区性组织的文件，其中最主要的是国际劳工公约和建议书。

国际劳工公约和建议书是由国际劳工组织成员国的政府代表、雇主代表和工人代表共同制定的规定工作中的基本原则和权利的法律文书。公约和建议书涉及的事项，随着世界经济和社会的发展而不断充实与扩展。公约可以由成员国批准，并且具有法律约束力，建议书是不具有约束力的。在许多情况下，一项劳工公约规定了批准国实施公约的基本原则，而相关的建议书则对公约进行补充，就如何适用公约提供了更详细的指导。建议书也可以是自主的，即不与公约挂钩②。

制定国际劳工标准的目的是使标准得到成员国的有效实施。成员国实施国际劳工标准的前提是要了解标准的内容，特别是立法机关要了解。公约和建议书由政府、雇主和工人的代表起草，并在年度国际劳工大会上通过。根据《国际劳工组织章程》第 19（6）

---

① 林燕玲. 国际劳工标准［M］. 北京：中国劳动社会保障出版社，2007：4.

② ILO. Rules of the game：An introduction to the standards-related work of the International Labour Organization［M］. Geneva：ILO, 2019：18.

条，一旦通过一项标准，成员国必须在 12 个月内将公约或建议书提交给其主管机关（通常是议会）审议。对公约而言，成员国要考虑是否批准。如果公约获得批准，该公约通常在批准之日后一年对该国生效。批准国承诺在本国法律和实践中适用该公约，并定期报告其适用情况。如有必要，国际劳工组织将提供技术援助①。

国际劳工标准的核心和宗旨是通过国际劳动立法确立和保障世界范围内的劳工权利。国际劳工标准的内容，随着世界经济和文明的发展以及社会的进步而逐渐丰富与扩展。目前，国际劳工标准涵盖的主题包括：结社自由、集体谈判、强迫劳动、童工、机会和待遇平等、三方协商、劳动管理、劳动监察、就业政策、就业促进、职业指导和培训、就业保障、社会政策、工资、工作时间、职业安全与健康、社会保障、生育保护、家政工人、移民工人、海员、渔业工人、码头工人、土著工人与部落人口、土著和部落人民、其他特定类别的工人等②。

一百多年来，国际劳工组织制定了 190 项公约、206 项建议书和 6 项议定书。其中，190 项公约包括 10 项基本劳工公约（Fundamental Conventions）、4 项治理劳工公约（Governance Conventions）和 176 项技术劳工公约（Technical Conventions）③。其中一些标准可以追溯到 1919 年，有些标准已不再符合当今的需要。为了解决这

---

① ILO. Rules of the game: An introduction to the standards-related work of the International Labour Organization [M] . Geneva: ILO, 2019: 18.

② Subjects covered by International Labour Standards [EB/OL] . https: //www. ilo. org/global/standards/subjects - covered - by - international - labour - standards/lang - - en/index. htm.

③ NORMLEX: Information System on International Labour Standards [EB/OL] . https: //www. ilo. org/dyn/normlex/en/f? p=NORMLEXPUB: 1: 0.

一问题，国际劳工组织通过在旧公约基础上增加新的条款进行修订，以取代旧的公约或议定书。国际劳工标准对于各国制定和完善劳动立法具有积极的促进作用，同时，对于各国解决劳动问题、改善劳动状况、保障工人权利产生了一定的积极影响。

（二）国际社会保障标准

国际社会保障标准（International Social Security Standards）包括国际劳工组织在社会保障领域通过的标准和结论、明确社会保障权的联合国主要人权文书，以及区域社会保障文书、区域社会保障协调文书和涵盖特定类别工人的其他相关国际劳工标准①。目前国际社会保障标准还没有确切的定义，根据其涵盖的内容，笔者认为：国际社会保障标准是指世界性国际组织和区域性国际组织通过的关于社会保障权利保护的法律文书及相关文件。这些文件对在国家法律和实践中实现社会保障权提供了一个全面的法律框架。

国际社会保障标准的重点是联合国人权文书和国际劳工组织社会保障标准。联合国人权文书包括《世界人权宣言》《经济、社会和文化权利国际公约》以及关于特定人口群体的权利的其他法律文书：《消除对妇女一切形式歧视公约》（1979 年）、《儿童权利公约》（1989 年）、《消除一切形式种族歧视国际公约》，《保护所有移徙工人及其家庭成员权利国际公约》（1990 年）和《残疾人权利公约》（2006 年）等。这些文书明确规定社会保障是一项人权和国家的一项义务。

国际劳工组织社会保障标准主要是国际劳工组织在社会保障领

---

① ILO. Building social protection systems：International standards and human rights instruments [M] . Geneva：ILO, 2021：1.

域制定的公约和建议书，这些标准是国际劳工标准的重要组成部分，涵盖国际劳工组织关注的社会保障领域，为指导各国建立和维护健全的社会保障制度提供了参考。特别是 1952 年《社会保障（最低标准）公约》（第 102 号公约）和 2012 年《社会保护底线建议书》（第 202 号建议书），对进一步落实国际人权文书规定的社会保障权、实现全民社会保护方面发挥了重要作用。

第三节　国内外研究综述

本书重点研究的是国际劳工组织社会保障标准，它是国际劳工标准的一部分，其中，社会保障标准包括公约和建议书。社会保障公约属于一般公约，目前，对国际劳工标准的研究重点在于核心公约，而对社会保障公约研究不足，除了国际劳工组织社会保障局对社会保障公约进行了系统的研究，世界各国的专家学者对于社会保障标准进行的研究不够系统和深入，这方面的书籍和文章不是很多。

现有的国内外专家学者对国际劳工组织社会保障标准的研究内容主要体现在以下三个方面，一是国际劳工组织社会保障标准的地位，二是国际劳工组织社会保障标准的效果，三是国际社会保障标准的发展趋势。

一、国际劳工组织社会保障标准的地位

国际劳工组织不仅是社会保障标准的制定部门，而且是社会保

障标准的研究部门。从 20 世纪 80 年代开始，伴随着经济全球化的发展，一些社保研究机构和专家对社会保障标准的作用及存在问题的研究越来越深入。国际劳工组织专家认为，"国际劳工组织在社会保障领域设置的标准被赋予重要的意义。到目前为止，和国际劳工公约相比，处理社会保障问题的公约在国际劳工组织成员国中还没有经历同等程度的宣传和普及。更重要的是，对核心劳工标准的强烈关注，可能把社会保障标准推入国际社会不引人瞩目的境地，这将违背社会进步的要求"①。森根伯格·沃纳和坎贝尔·邓肯对社会保障标准全球化问题进行了研究，指出"在经济全球化的现代社会，就范围而言，社会保障的标准必须是全球化的，因为全球化已经降低了国内社会标准的有效性"②。米奇利·邓肯等专家对国际劳工组织社会保障标准及促进工作进行了评价。他们指出，"国际劳工组织建立于 1919 年，以在世界范围内改进劳动关系和工作条件为宗旨。为此，它大力宣传社会保障，特别是社会保险。二战以前，国际劳工局主要致力于在工业化国家中促进社会保险的发展。二战后则致力于在全世界，特别是新独立的发展中国家推广社会保障制度，并扩大了社会保障的内涵，将社会保险、社会救助和其他项目都纳入其中。最开始，世界上只有几个国家建立了社会保障制度，目前，全世界已有 139 个国家和地区建立了这一制度，其中，国际劳工组织功不可没"③。马丁·胡木勒特和如森达·席尔

---

① ILO. Introduction to Social Security [M]. Geneva：ILO，1984.

② SENGENBERGER WERNER，CAMPBELL DUNCAN. Creating economic opportunities：the role of labour standards in industrial restructuring [M]. Geneva：IILS，1994.

③ DEACON BOB，HULSE MICHELLE，STUBBS，PAUL. Global Social Policy：International Organisations and the Future of Welfare [M]. London：Sage，1997.

瓦对 21 世纪的社会保障进行了展望，指出"全球化使国家之间的联系更密切，也因此可能带来社会保障的国际化问题，可以预见，共同的最低标准不仅是基本社会权利的合理推论，而且是全球经济中竞争环境的要求，从这个意义上来说，国际劳工组织所规定的社会保障标准具有特殊重要的意义"①。国际劳工组织对社会保障的全球化问题进行了研究，指出寻求的是具有更强大的社会维度的全球化，试图借此"把劳动者放到竞争之外"②。

二、国际劳工组织社会保障标准对社会保障权保护的效果

（一）积极效果

国际劳工组织在社会保障领域制定了大量的公约和建议书，在国际社会享有很高的权威和赞誉，尤其是 1952 年《社会保障（最低标准）公约》（第 102 号公约），是各成员国社会保障立法的重要依据。

库克·厄休拉认为，"社会保障权得到国际社会的承认，并载于《世界人权宣言》和《经济、社会和文化权利国际公约》。然而，国际人权文书和监督机制对社会保障权的定义仍然只字未提。在联合国大家庭里，国际劳工组织承担了这项责任，它通过制定社会保障标准对社会保障权赋予实质性内容。第 102 号公约对帮助指

---

① HUMBLET MATINE, SILVA ROSINDA. Standards for the XXIst century: social security [M]. Geneva: ILO, 2002.

② ILO. Report on the World Commission on the Social Dimension of Globalization [R]. Geneva: ILO, 24. 2004.

导社会保障的逐步发展产生了积极影响"①。国际劳工组织专家指出，"国际社会保障标准，尤其是第 102 号公约对国际和国家社会保障法律框架产生了重要影响，第 102 号公约对载入国际人权文书的社会保障权利提供实质性内容发挥着重要作用，并是制定区域人权文书和区域文书以及世界各国建立和改革社会保障制度的重要参考"②。国际劳工组织专家指出，"第 102 号公约建立了社会保障法的独立分支，明确了社会保障的基本原则，设置最低保护的量化标准等。第 102 号公约已经并继续对世界各地一些国家的社会保障计划发展产生积极影响，并且作为区域社会保障法律文书的典范"③。弗朗斯·彭宁斯认为，"欧洲社会保障法案复制了第 102 号公约的标准，而该法案的议定书引入了更高的标准。两套规则在普遍原则和术语上非常相似"④。

健一·汉森认为，"保护移民工人一直是国际劳工组织所考虑的一个重要问题。全球移民工人的情况各不相同，一些国家对移民工人享受社会保障权利进行了限制。国际劳工组织公约规定了确保缔结社会保障协议的基本原则，并为缔结协议提供了一个框架和一组共同规则。批准国际劳工组织有关公约，特别是第 118 号和第 157 号公约，可以作为确保移民工人获得平等保护和享有社会保障

① KULKE URSULA. The Present and Future Role of ILO Standards in Realizing the Right to Social Security [J]. International Social Security Review, 2007, 60 (2-3)：119-141.
② ILO. Setting social security standards in a global society：An analysis of present state and practice and of future options for global social security standard setting in the International Labour Organization [M]. Geneva：ILO, 2008.
③ ILO. Social security and the rule of law, ILC. 100/III/1B [R]. Geneva：ILO, 2011.
④ [荷] 彭宁斯. 软法与硬法之间：国际社会保障标准对国内法的影响 [M]. 王锋，译. 北京：商务印书馆，2012：87.

权的一个工具"①。

（二）局限性

国际劳工组织专家认为，"目前，批准国际劳工组织社会保障公约的国家相对较少。虽然这些标准体现着普遍的、协商一致的原则，但在实践中并没有产生应有的强大影响。国际劳工组织时新社会保障标准主要为正规部门以及从事正规就业的工人提供保障，而没有为农民、家庭成员以及非正规经济中的工人提供保障。这些标准过于限制，因为它们不能为社会援助计划的实行提供具体的指导"②。

弗朗斯·彭宁斯对国际劳工组织社会保障标准及其对英国、西班牙、荷兰、德国和法国国内法的影响和作用进行了研究，指出："英国只批准了第 102 号公约，英国政府认为社会保障公约在许多方面过于具体和缺乏弹性，以致不能满足不同国家的各种要求和社会保障的新发展，而新的公约自身又太刻板。英国的政策制定者认为，国际劳工组织公约已经随着社会变化和随之而来的社会保障制度的变化而过时。"③ "社会保障公约对荷兰法律的影响非常有限。荷兰未曾出于能够批准公约的目的，制定法律或者修改现行法律。尽管公约旨在提高社会制度的标准，但是其不能自动具有这种效力，因为其他因素常常更加具有决定作用。只有国内法律已经发展

---

① HIROSE KENICHI, NIKAC MILOS, TAMAGNO EDWARD. Social security for migrant workers：a rights-based approach［M］. Budapest：ILO, 2011：14-15.

② ILO. Setting social security standards in a global society. An analysis of present state and practice and of future options for global social security standard setting in the International Labour Organization［M］. Geneva：ILO, 2008.

③ ［荷］彭宁斯. 软法与硬法之间：国际社会保障标准对国内法的影响［M］. 王锋, 译. 北京：商务印书馆, 2012：81.

到公约的标准可以被满足的程度，相关公约才会被批准。在公约被批准后，公约似乎对国内法具有严重的影响，因为公约具有限制政府将保障标准降低到公约标准秩序的可能。在过去几十年里，国际劳工组织社会保障公约在荷兰社会保障法中已经开始发挥可观的作用，这种作用在某种程度上不同于公约的起草者期望的作用，即主要是激励成员国提高其社会保障标准，而是发挥了保守性的作用，如防止社会保障标准下降。"①

R. 米什拉认为，"尽管国际劳工组织在保证其公约得到遵守方面比联合国要好得多，但作为一个国际社会保障机构，它也有相似的局限性。首先，协定的批准是自愿的。其次，尽管投诉程序和调查的可能性使国际劳工组织的公约有了一定的执行能力，但遵守执行还是自愿的，因此，在很大程度上这是说服力的问题。原则上，国际劳工组织可以对违约国采取制裁措施，但实际上从未运用过。再次，与联合国的《经济、社会和文化国际公约》一样，国际劳工组织已认识到各国经济能力的差别所带来的问题，但并不打算以任何一种系统的方法把劳工标准与经济发展水平相联系起来"②。

库克·厄休拉认为，"尽管国际社会承认第 102 号公约对帮助引导社会保障的逐步发展产生了积极影响，但它仍达不到基本社会底线的最低要求"③。健一·汉森认为，"目前，批准国际劳工组织

① ［荷］彭宁斯. 软法与硬法之间：国际社会保障标准对国内法的影响［M］. 王锋，译. 北京：商务印书馆，2012：138.

② ［加拿大］米什拉. 社会政策与福利政策：全球化的视角［M］. 郑秉文，译. 北京：中国劳动社会保障出版社，2007：120-122.

③ URSULA KULKE. The Present and Future Role of ILO Standards in Realizing the Right to Social Security［J］. International Social Security Review, 2007, 60 (2-3)：119-141.

公约的国家比较少，现有的社会保障协议仍然存在许多差距，特别是在发展中国家。这些国家主要是劳动力的输出国，在实现社会保障充分和有效地覆盖移民工人方面临着许多问题，如本国的社会保障计划发展不足，这阻碍了他们缔结以'互惠'原则为基础的协议和拥有足够的行政能力以有效地实现复杂的协议。在没有批准国际劳工组织有关公约或缔结社会保障协议的情况下，一些劳务派遣国家已经采取了自己的单边措施，以保护在国外工作的本国工人。因此，逐步扩大移民工人社会保障覆盖面的任务，在未来仍然是一个重要的问题。在国际劳工组织对移民工人的行动计划框架内和国际劳工组织关于劳工移民的多边框架内，国际劳工组织的任务是协助各成员国政府和国家社会保障机构，为未来的社会保障达成协议进行能力建设和普及基础知识"①。

三、国际社会保障标准对社会保障权保护的未来趋势

国际劳工组织 2012 年通过《社会保护底线建议书》，该建议书反映了国际劳工组织的二维扩展战略，该战略为其 187 个成员国的社会保障发展提供了明确指导。联合国专家认为，"第 202 号建议书是实现社会保障作为人权迈出的第一步。因为它承认了社会保障的三重角色：普遍人权、经济必需品和社会必需品"②。

健一·汉森认为，"在国际劳工组织对移民工人的行动计划框

---

① HIROSE KENICHI, NIKAC MILOS, TAMAGNO EDWARD. Social security for migrant workers : a rights-based approach [M]. Budapest: ILO, 2011: 14-15.
② 国际劳工组织. 世界社会保障报告（2017—2019）：全民社会保护以实现可持续发展目标 [M]. 华颖，等译校. 北京：中国劳动社会保障出版社，2019：7.

架内和国际劳工组织关于劳工移民的多边框架内，国际劳工组织的任务是协助各成员国政府和国家社会保障机构，为未来的社会保障达成协议进行能力建设和普及基础知识。"①

四、国际社会保障标准对中国社会保障法律制度的影响

国际劳工组织社会保障标准是国际劳工标准的一部分，目前，我国对国际劳工标准的研究不够系统和深入，仅有几部国际劳工标准著作对社会保障标准的发展阶段和主要内容进行了概述。刘旭在《国际劳工标准概述》一书中介绍了主要社会保障公约的发展阶段和主要内容，指出："社会保障是劳工组织关注的重点问题之一，到 2000 年底，有 31 项公约专门设计社会保障问题，占全部公约的18%，另外还有 16 项建议书。"②林燕玲在《国际劳工标准》一书中介绍了社会保障的概念和历史发展以及各类社会保障公约和建议书的内容，提出"第 102 号公约是最具影响力的社会保障国际公约，它对社会保障在各国的建立和推广起了重要作用，被视为社会保障的国际宪章"③。

对于社会保障标准对中国的影响，我国一些学者和专家认为，在社会保障立法过程中，应借鉴国际社会保障标准的经验。樊启荣、王全兴和黎栋提出，"在我国社会保障立法中，对尚未批准的

① HIROSE KENICHI, NIKAC MILOS, TAMAGNO EDWARD. Social security for migrant workers: a rights-based approach [M]. Budapest: ILO, 2011: 14-15.
② 刘旭. 国际劳工标准概述 [M]. 北京: 中国劳动社会保障出版社, 2003: 57.
③ 林燕玲. 国际劳工标准 [M]. 北京: 中国劳动社会保障出版社, 2007: 197.

有关社会保障的国际劳工公约和建议书也需要注意吸收和借鉴"①。种及灵对国际社会保障公约进行了评价，指出"在国际立法中影响最大的，则属国际劳工组织所倡导制定的一系列关于社会保障的国际公约。国际劳工组织 1952 年《社会保障（最低标准）公约》（第 102 号公约）其重大意义在于：其一，它通过确立社会保障的国际基准，促进了社会保障体系的整合，从而以国际立法的方式正式确立了社会保障的独特地位。其二，它是近半个世纪以来社会保障制度形成发展的经验总结，是对社会保障历史、现状和未来发展的综合体现"②。韩克庆指出，"学习发达国家和国际组织的立法实践，加强社会保障立法建设。在国际立法方面，国际劳工组织（ILO）已经制定了许多有关社会保障的国际公约和建议书，如第 35 届大会（1952 年）通过的《社会保障（最低标准）公约》（第 102 号公约）等。国际劳工组织的公约经成员国正式批准后，对成员国产生法律效力，成员国应当遵守和实施公约的内容"③。刘冬梅指出，"中国批准的国际劳工公约目前主要涉及的是劳动中的问题。现行《劳动法》起草时考虑了与国际劳工标准的接轨问题，《安全生产法》《职业病防治法》和《禁止使用童工规定》也都注意了劳工公约的转化。已批准的公约中，只有第 122 号《就业政策公约》和第 159 号《残疾人职业康复与就业公约》涉及社会保障，最重要的 8 个社会保障公约至今尚未获得批准。虽然国际劳工组织的 8 个

---

① 樊启荣，王全兴，黎栋. 中国社会保障立法的发展趋向与宏观构思 [J]. 法商研究，1999（3）：55-60.

② 种及灵. 论社会保障的国际合作 [J]. 法学，2000（9）：5.

③ 韩克庆. 经济全球化与中国社会保障制度的构建 [J]. 广东社会科学，2005（2）：44.

重要社会保障公约迄今未被中国批准，它所提出的社会保障框架却得到了充分重视"①。

五、基本评论

基于以上对国内外文献的回顾，笔者认为，国际劳工组织不仅是社会保障标准的制定部门，而且是社会保障标准的研究部门，近年来，国际劳工组织出版了大量关于社会保障标准的书籍和调查研究报告。此外，国际上研究社会保障标准的主要是欧洲的专家学者，他们的研究集中在社会保障标准对《欧洲社会宪章》及各国社会保障法律制度的影响，以及社会保障标准对实现社会保障权利和对大多数国家社会保障制度的指导作用上。在全球化背景下，关于社会保障标准对世界各国社会保障的具体影响方式和影响程度的研究不够深入和全面。

中国对国际劳工组织社会保障标准的关注起步比较晚，在全球化的背景下，人们对国际劳工标准与国际经济贸易规则的关系极为关注，把注意力几乎都放在了"核心劳工标准"上，对于作为一般公约的社会保障标准关注度不高。对于国际社会保障标准如何影响现存的社会保障法律的完善，以及如何影响未来社会保障立法的制定和发展，还少有相关的论文和著作。因此，非常有必要对社会保障标准如何确立、保护、实现社会保障权以及其对中国法律制度的影响进行深入的研究。

---

① 刘冬梅．论国际机制对中国社会保障制度与法律改革的影响——以联合国、国际劳工组织和世界银行的影响为例［J］．比较法研究，2011（5）：26-28.

第四节 研究方法与研究思路

一、研究方法

本书的研究方法主要是文献研究方法、历史研究方法和比较研究方法。

（一）文献研究方法

本书在进行研究的过程中，查阅参考了大量的文献资料，包括与本研究有关的国际人权公约、国际劳工标准、国家社会保障法规政策，以及国内外相关的各种专业学术著作、学术论文。总之，本书是在国内外专家学者对社会保障权和社会保障标准研究的基础上进行的研究。

（二）历史研究方法

本书运用历史研究方法，将国际劳工组织社会保障标准对社会保障权保护的发展演变进行了梳理，揭示了国际劳工组织制定社会保障标准的背景、理念及发展规律。

（三）比较研究方法

本书主要运用比较研究方法。在全球层面，对国际人权文书及区域人权文书、国际劳工标准对社会保障权的确立和保护进行了比较；在国家层面，对典型国家的社会保障权保护实践进行了比较。

二、研究思路与研究内容

(一) 研究思路

本书是在对社会保障权进行专门研究的理论基础上, 对国际人权文书, 特别是国际社会保障标准、对社会保障权的保护的理念、内容、法律框架以及实现情况进行了全面而深入的研究, 并对国际社会保障标准对我国社会保障立法的影响进行了探讨, 最后对我国社会保障立法的完善及与国际社会保障立法接轨提出了政策建议。

(二) 研究内容

本书以社会保障权和人权理论为基础, 通过对国际社会保障标准、对社会保障权保护的发展历程、立法框架、保护内容以及面临的挑战进行分析, 提出社会保障权还没有全面实现的原因不仅仅是财富不足, 更重要的是权利不足。将社会保护与人权结合起来, 以基于人权的方法推进全民社会保护, 以实现可持续发展目标。本书主要从以下七章进行论证。

第一章主要是对本书的选题背景和涉及的关键概念进行界定, 并对文章的研究背景、研究文献、研究方法和思路进行阐述, 为后文确定研究对象和设定研究目标奠定基础。

第二章探讨社会保障是一项人权和国家的一项责任, 探讨国际人权法对社会保障权的保护, 以及如何采用基于人权的方法实现社会保障权。

第三章对国际劳工组织制定社会保障标准活动的发展历程进行梳理, 并对国际社会保障标准保护社会保障权的法律框架进行分析。

第四章研究国际社会保障标准在当今社会面临的一系列挑战，探讨社会保障覆盖面不足和社会保障私有化问题，以及社会保障公约批准率较低问题。

第五章探讨国际社会保障标准对社会保障权保护的发展趋势以及社会保护底线在全球发展的实践状况。

第六章探讨我国社会保障权保护的法律现状，国际社会保障标准对中国社会保障权保护的影响，并对我国社会保障权保护制度进行了构建。

第七章是对本书的总结，通过对以上几个部分进行综合性的归纳总结，提炼出本研究的基本结论。

三、论文的创新与不足

本书的创新主要有以下三点：第一，研究视角的创新。由于我国学术界关于国际社会保障标准方面的论著和论文不多，因此，对国际社会保障标准及其对社会保障权保护的研究在我国是一种新的尝试。第二，研究内容的创新。在经济全球化的背景下，人们对国际劳工标准与国际经济贸易规则的关系极为关注，人们将注意力更多地放在了对"核心劳工标准"的研究上，对于作为一般劳工标准的社会保障标准关注度不太高，本书通过对国际社会保障标准内容进行全面系统的研究，并就其对中国社会保障法律的影响问题进行了深入的探讨，这对于我国社会保障法制建设具有重要意义。第三，研究体系的创新。目前，中国社会保障法学存在"社会保障立法与国际社会保障立法不衔接"问题。通过对国际社会保障公约与中国社会保障法律制度的关系问题以及国际社会保障公约如何在中国批准实施的研究，解决上述不衔接问题，这种尝试有助于推动社会保障法学研究体系的创新。

本书主要存在以下不足：首先，论著研究的是国际社会保障法的内容，由于学科特点与专业背景的限制，没有对社会保障权的法理以及社会保障标准的立法技术进行深入研究。其次，本书的研究方法主要是以文献法为主，通过对图书、期刊、学术论文等文献资料进行搜集、整理和分析研究，形成自己的观点并得出研究结论。笔者没有到国际劳工组织北京局以及社会保障立法部门进行调研。将来需要通过实证研究，获得第一手资料，以进一步进行规范研究。

第二章

国际人权法对社会保障权的保护

社会保障权是法和法学的一个基本范畴，是研究社会保障法的基础和逻辑起点。社会保障是一项基本人权，已经得到大多数国际人权文书的承认和区域协定的加强，并越来越多地反映在国内立法中。各国在设计、执行和评价社会保障政策和方案时，尊重、保护和实现人权的要求得到了肯定和广泛认可。

第一节　社会保障权的主要内容及其实现方式

社会保障权是一项基本人权，与所有其他人权之间存在相互依存、不可分割和相互关联的关系。采用基于人权的方法，可以推进社会保障权的全面实现。

一、社会保障权的主要内容

经济、社会和文化权利委员会负责监督《经济、社会、文化权利国际公约》执行情况，2007 年，经济、社会和文化权利委员会通过《社会保障权的第 19 号一般性意见》①，对社会保障权概念进行了界定，即"社会保障权是指人们无歧视地获得和维持现金或实物形式津贴的权利，以确保在以下几种情况下获得保护，其中包括：（1）因疾病、残疾、生育、工伤、失业、年老或供养人死亡而导致与工作有关的收入不足；（2）负担不起医疗服务费用；（3）家庭支持不足，尤其是儿童和成年被抚养人"②。

社会保障权包括通过公共部门或私营部门获得社会保障，不受现有社会保障覆盖范围任意和不合理限制的权利，以及当遭遇社会风险和意外事故时，平等地享有足够保护的权利。社会保障应被视为一个社会利益，而不是主要作为一个单纯的经济或金融政策工具。社会保障权主要内容有以下几部分：

（一）可利用的社会保障体系

社会保障权在实施过程中要求必须有制定出来的社会保障制度并付诸实施，确保为那些遭遇社会风险和意外事故的人们提供津贴，无论这些制度是由单一计划组成还是多种计划组成。社会保障制度应根据国内法建立，公共部门必须负责有效地管理或监督制度。社会保障计划也应当是可持续的，对于养老金的提供，确保社会保障权在当代和子孙后代都能够实现。

（二）社会风险和意外事故的全面覆盖

在法律和实践中，社会保障制度应覆盖以下 9 个主要项目：医

---

① UN Committee on Economic, Social and Cultural Rights (CESCR). General Comment No. 19: The right to social security (Art. 9 of the Covenant). 2008. E/C. 12/GC/19: 2 [EB/OL]. [2013-08-10]. http://www.refworld.org/docid/47b17b5b39c.html.

② UN Committee on Economic, Social and Cultural Rights (CESCR). General Comment No. 19: The right to social security (Art. 9 of the Covenant). 2008. E/C. 12/GC/19: 2 [EB/OL]. [2013-08-10]. http://www.refworld.org/docid/47b17b5b39c.html.

疗服务、疾病、老年、失业、工伤、生育、家庭和儿童支持、残疾和供养人死亡。当人们面临这些社会风险和意外事故时，能够获得相应的收入保障和医疗服务。

（三）社会保障津贴的充足性

从权利的角度来看，所提供的津贴水平必须足够。根据经济、社会和文化权利委员会《第 19 号一般性意见》，福利，无论是现金还是实物，在数额和期限上都必须足够，以便每个人都能实现《经济、社会和文化权利国际公约》第 10 条、第 11 条和第 12 条所规定的获得家庭保护和援助、适当生活水平和适当获得医疗服务的权利。缔约国还必须充分尊重该公约序言中所提到的人的尊严的原则和非歧视性原则，从而避免对津贴水平以及提供形式产生任何不利影响。国际劳工组织第 202 号建议书指出，社会保护至少应保证有效获得国家一级规定的基本医疗保健和基本收入保障。综合来看，现金和实物福利应至少确保免受贫困、脆弱性和社会排斥，并确保身体健康和生活有尊严。

（四）社会保障的可获得性

社会保障体系应涵盖所有人，不得有任何歧视，尤其是那些最弱势和边缘化群体，并考虑到人们的具体需求。为了确保全面覆盖，有必要建立非缴费性计划。此外，津贴的资格条件必须是合理的、适度的和透明的。津贴的撤销、减少或暂停应当受到限制，并基于合理的理由、正当的程序以及由国家法律明文规定。如果社会保障计划要求缴费，这些缴费应事先规定。直接和间接成本以及与缴费相关的费用必须让所有人都负担得起，且不得损害公约规定的其他权利的实现。社会保障计划的受益人必须能够参与社会保障制度的管理。社会保障制度应根据国家法律建立，并确保个人和组织有权以明确和透明的方式寻求、接受和告知所有社会保障权益的信息。应及时提供津贴，受益者应能够实际获得社会保障服务。在这方面应特别注意的是，残疾人、移民、居住在偏远或灾害易发区以及武装冲突地区的人们也能获得这些服务①。

（五）国家对社会保障权承担一定的义务

像其他人权一样，社会保障权规定缔约国必须承担三类义务：尊重的义务、保护的义务和履行的义务。尊重的义务要求缔约国不得直接或间接干涉享有社会保障权。保护的义务要求缔约国防止第三方以任何方式干涉享有社会保障的权利。第三方包括个人、团体、公司和其他实体，以及根据自己的权威行事的代理商。除其他外，义务包括采取必要的和有效的立法措施和其他措施，例如，限制第三方拒绝平等地获得由他们或由他人经营的社会保障计划，和强加不合理的资格条件；任意或无理干扰与社会保障权相一致的自我救助、习惯或传统的社会保障方案；未能为雇员或其他受益人支付法律规定缴费。虽然，第三方经营或管理是缴费型或非缴费型的社会保障计划，但是，缔约国继续负责管理国家的社会保障制度，确保私营部门不损害平等的、充足的、可负担的和可获得的社会保障。为了防止这种滥用，必须建立有效的监管体系，其中包括立法框架、独立监督、真正的公众参与和对不遵守法律的进行惩罚。履行义务要求缔约国采取必要的措施，包括实施社会保障计划，全面实现社会保障权。履行义务可分为便利、促进和提供的义务。

① RIEDEL EIBE. Social Security as a Human Right：Drafting a General comment on Article 9 ICESCR-Some challenges ［M］. Berlin：Springer，2007：32-36.

除了承担上述三项具体义务，国家还要承担国际义务和核心义务。根据《经济、社会和文化权利国际公约》第2条第1款，第11条第1款和第23条规定，缔约国承认国际合作和援助，并采取共同行动及个别行动，充分实现公约所列的各项权利，包括社会保障权。为了遵守在有关社会保障权方面的国际义务，通过避免直接或间接地干涉其他国家享有社会保障权的行动，缔约国必须尊重其他国家人们享有的社会保障权。为防止本国公民的社会保障权在其他国家被侵犯，缔约国应在域外保护社会保障权。缔约国可以采取措施，通过法律或政治手段影响第三方，在其管辖范围内尊重权利。这些措施应根据联合国的宪章和适用的国际法。缔约国的核心义务，就是确保人们享有满意的、至少达到最低限度的基本水平的权利。这就要求缔约国确保社会保障计划为所有个人和家庭提供一个最低限度的基本福利水平，使他们获得最低的基本卫生保健、基本住房、水和卫生设施、食品和最基本的教育形式。缔约国在其最大可利用的资源范围内，为所有遭遇社会风险或意外事故的人们提供这种最低水平的保护；确保在非歧视性的基础上，人们有权获得社会保障制度或计划，尤其是对于弱势的和边缘化的个人和群体；通过并实施国家社会保障战略和行动计划，采取有针对性的措施，实施社会保障计划，特别是那些保护弱势和边缘化的个人和群体的计划；监督社会保障权的实现程度①。

---

① UN Committee on Economic, Social and Cultural Rights (CESCR). General Comment No. 19: The right to social security (Art. 9 of the Covenant). 2008. E/C. 12/GC/19: 12-17 [EB/OL]. [2013-08-10]. http://www. refworld. org/docid/4761765639c. html.

二、社会保障权的特点

从上面社会保障权的内容中，我们可以看到，社会保障权有以下三个主要特点：

（一）社会保障权的非歧视性

社会保障权是当人们面临各种风险时，应无歧视地获得和维持一定津贴的权利。也就是说，社会保障制度不应歧视任何人，不论人们的健康状况、种族、民族、年龄、性别、残疾、语言、宗教、国籍、收入或社会地位如何，都应平等地享有社会保障权。而且随着时间的推移，国家要有积极的义务，以完全根除社会保障权中的差别[1]。社会保障权的无歧视性的最主要受益者往往是社会中的弱者，这是为了实现社会保障权的真正平等享有，真正实现对人的尊严的同等尊重。

（二）社会保障权的资源配置性

社会保障权是那些面临风险或生活困境的人们享有现金或实物形式津贴的权利。社会保障权属于第二代人权，它区别于第一代人权的本质属性在于要求政府对个人社会保障权的实现有所作为，即提供积极的支持[2]。它着重于国家在实质上为个人权利的实现提供基本的社会与经济条件，主张社会经济资源重新配置的要求。因此，对社会保障权本质的认识，应该建立在社会保障权作为一种经

---

[1] LANGFORD MALCOLM. The Right to Social Security and Implications for Law, Policy and Practice [M] //RIEDEL EIBE. Social security as a human right: Drafting a general comment on Article 9ICESCR-Some challenges. Berlin: Springer, 2007: 34.

[2] 朱景文. 法理学 [M]. 北京：中国人民大学出版社，2011：173.

济权利的基础之上，资源配置是权利语言的具体表达，社会保障权不仅仅是个人主观保障需要的主张，更是国家经济资源重新配置的内在要求。但是，超出经济社会关系的具体要求和现实条件而提出不切实际的社会保障权诉求，最终会损及社会保障事业的发展。

（三）社会保障权的根本性

社会保障权是人的生存和发展的一种基础性标准，它是人们在特定的社会中能够体面、有尊严地生产和生活所必需的最基本的条件。在一定意义上，这种标准和条件是最低限度的生存标准①。社会保障权的这种基础性、根本性和神圣性，为国家设定了特殊的保障社会保障权的义务，要求国家必须尊重、保障和逐步实现社会保障权。

三、社会保障权与其他人权的关系

作为更广泛的人权大家庭的一部分，社会保障权应与《世界人权宣言》《经济、社会和文化权利国际公约》和《公民权利和政治权利国际公约》确认的其他权利结合起来对待。所有人权是不可分割、相互依存和不可剥夺的。换言之，它们应被视为一个不可分割的、具有平等地位的一揽子计划，其中一项权利的实现取决于另一项权利。

《世界人权宣言》第 25 条和《经济、社会、文化权利国际公约》第 12 条规定的享有达到最高标准的身心健康的权利，与社会

---

① ［英］米尔恩. 人的权利与人的多样性——人权哲学 ［M］. 夏勇，张志铭，译. 北京：中国大百科全书出版社，1995：7.

保障权是不可分割的。适当的生活水准权，获得食物、水和卫生设施的权利，受教育和住房的权利，劳工权利，以及某些公民权利和政治权利之间同样存在着相互依存关系。因此，这种相互依存关系要求在社会保障和其他经济、社会和政治政策及法律框架之间进行密切协调。

事实证明，社会保障权得到加强，其他经济、社会和文化权利也得到加强，并在加强这些权利方面也发挥着关键的促进作用①。

四、采用基于人权的方法实现社会保障权

（一）基于人权的方法

基于人权的方法是一个概念框架，它规范性地以国际人权标准为基础，在实践中旨在促进和保护人权，并解决阻碍和削弱人权的歧视性做法和不公正的权利分配问题。

根据基于人权的方法，一些计划、政策和方案应以国际法确立的权利和相应义务体系为基础。通过授权人们自己（权利持有人）能够参与政策制定，尤其是最边缘化的人，并追究那些有义务采取行动的人（责任承担者）的责任，这有助于促进可持续性发展。

联合国机构一致认为基于人权的方法包括以下基本属性：在制定政策和方案时，主要目标应该是实现人权。根据基于人权的方法确定权利持有人及其应享权利和相应的责任承担者及其义务，并致力于加强权

---

① ILO. Building social protection systems: International standards and human rights instruments [M]. Geneva: ILO, 2021: 4.

利持有人提出索赔的能力和责任承担者履行义务的能力①。

(二) 将社会保障与人权结合起来以实现社会保障权

社会保障是一项人权和国家的义务。一系列国际人权文书都明确规定了社会保障权及相关内容，这些文书宣告社会保障是每一个人都应该享有的一项基本社会权利。同时，建立了一系列的国际人权监督机制，有联合国层次的，也有区域层次的，各种层次的监督机制对社会保障权的实现发挥了重要作用。

国际劳工组织自 1919 年成立以来，为指导各国建立和维护健全的社会保障制度制定了一套实质性的国际社会保障标准，在进一步落实国际人权文书规定的社会保障权方面发挥了重要作用。经济、社会和文化权利委员会将国际劳工组织的社会保障标准作为国际法的来源，并经常使用这些标准来证实社会保障权，特别是 1952 年《社会保障（最低标准）公约》（第 102 号公约）、2012 年《社会保护底线建议书》（第 202 号建议书）。

1952 年，国际劳工组织通过的《社会保障（最低标准）公约》（第 102 号公约）被认为是社会保障制度发展史上的一个里程碑。第 102 号公约的独特之处在于它对社会保障的概念化，以及为建立全面的社会保障体系提供相关指导。根据第 102 号公约，社会保障制度应提供以下津贴：医疗保健、疾病津贴、老年津贴、失业津贴、工伤津贴、家庭津贴、生育津贴、残疾人津贴、遗属津贴。2012 年，国际劳工组织通过了《社会保护底线建议书》（第 202 号

---

① Introduction to a rights-based approach [EB/OL]. [2022-11-30]. https://social protection-human rights. org/introduction-to-a-rights-based-approach/. 2022-11-30.

建议书），帮助各国政府为全球无法获得全面保障的人们提供社会保护。该建议书呼吁成员国通过二维战略建立和维护全面的社会保障体系：各国首先建立并维持一个全国性的社会保护底线，为所有居民和儿童在整个生命周期提供基本的医疗服务和收入保障，以实现全民覆盖。其次，按照国际劳工组织制定的社会保障标准，逐步实现更高水平的保护。与人权文书不同，国际劳工组织的社会保障标准认为社会保障不是一项个人权利，而是作为一种受其自身立法框架监管的社会制度。

《国际人权法》和国际劳工组织社会保障标准为各国推进落实社会保障权和建立全面、可持续和适当的社会保障制度的国家提供了大量参考。通过最低标准实现人权，使所有人都能够享有自己的社会保障权利。

多年来，联合国的主要工作进程和文件将人权置于新的全球发展议程的核心，同时也强调社会保护对减贫的重要作用。与此同时，2012 年，国际劳工组织通过的《社会保护底线建议书》（第 202 号建议书）得到了强有力的全球政治支持。发展行动者和人权倡导者普遍认为这两个议程之间存在协同作用，将社会保护与人权结合起来，以基于人权的方法推进全民社会保护，以实现可持续发展目标。

第二节 联合国人权文书对社会保障权的保护

联合国制定了许多国际公约明确确认社会保障权，这些文书主要有：1948 年《世界人权宣言》、1966 年《经济、社会和文化权利国际公约》，以及 1965 年《消除一切形式种族歧视国际公约》、1979 年《消除对妇女一切形式歧视公约》、1989 年《儿童权利公约》、1990 年《保护所有移徙工人及其家庭成员权利国际公约》和 2006 年《残疾人权利公约》等。

一、1948 年《世界人权宣言》

1948 年 12 月 10 日，第三届联合国大会第 217A〔Ⅲ〕号决议通过了《世界人权宣言》（*The Universal Declaration of Human Rights*，简称 UDHR）。《世界人权宣言》正式确认社会保障权是一项基本人权，并且是一项个人权利。第 22 条规定："作为社会的一员，每个人都有权享有社会保障，并有权实现其个人尊严和人格自由发展所必需的经济、社会和文化方面各种权利，这种实现是通过国家努力和国际合作并依照各国的组织和资源情况。"第 25 条规定进行了补充："（1）每个人都有权享有足以保障自己和家人健康和福祉的生活水准，包括食物、衣着、住房、医疗和必要的社会服务，以及有权在遭到失业、疾病、残疾、丧偶、年老或在其他不能控制的情况下缺乏生计时享有保障。（2）母亲和儿童有权享有特别照顾和援助。一切儿童，无论婚生或非婚生，都应享有同样的社会保护。"①《世界人权宣言》在承认基本人权方面具有较高的权威性，但它只是宣言形式，因而不能由各个缔约国进行签署和批准。

---

① 联合国. 世界人权宣言［EB/OL］.［2013-07-21］. http：//www.un.org/chinese/hr/issue/udhr.htm.

二、1966年《经济、社会和文化权利国际公约》

1966年，联合国通过《经济、社会和文化权利国际公约》，其是在《世界人权宣言》基础上通过的。该公约第9条规定："缔约国承认人人有权享受社会保障，包括社会保险。"该公约第10条第2款承认有工作的母亲有权享有"带薪休假或有适当社会保障福利金的休假"，并要求缔约各国采取特殊的保护和帮助措施。第10条第3款要求缔约国采取特别措施，为一切儿童和少年采取特殊的保护和援助措施，不得因出身或其他条件而有任何歧视①。

《经济、社会和文化权利国际公约》是一项公约，并对各国开放，供各国签署、批准和加入，因而是实现社会保障权的一个重要文书。缔约国批准该公约时，便承担了最大限度的使用可利用资源的义务以及逐步实现社会保障权的义务②。

经济、社会和文化权利特别复杂，需要遵守一系列法律条款为其实施提供依据。各国有尊重、保护和实现经济、社会和文化权利的根本义务。尊重义务意味着各国不得干涉或限制享有社会保障权。保护义务要求各国保护个人和群体的社会保障权不受侵犯。履行义务意味着各国必须采取积极行动，为人人享有社会保障提供便利。目前，已有160个联合国成员国批准或接受了《经济、社会和文化权利国际公约》的第9条，并承诺在其国家范围内保证人人享

---

① 联合国. 经济、社会和文化权利国际公约［EB/OL］.［2013-07-21］. http：//www. un. org/chinese/hr/issue/esc. htm.

② 联合国. 经济、社会和文化权利国际公约［EB/OL］.［2013-07-21］. http：//www. un. org/chinese/hr/issue/esc. htm.

有社会保障权①。

三、1979 年《消除对妇女一切形式歧视公约》

1979 年 12 月 18 日，第 34 届联合国大会通过《消除对妇女一切形式歧视公约》，并开放给各国签字、批准和加入，该公约于 1981 年 9 月 3 日生效。《消除对妇女一切形式歧视公约》把妇女享有或行使在政治、经济、社会、文化、公民或任何其他方面的人权和基本自由以法律形式进行确认，以保证妇女得到充分发展和进步②。该公约共 30 条，分为五个部分，其中第三部分的第 11 条和第 14 条规定了妇女享有社会保障权的内容。其中，第 11 条（1）（e）规定："享有社会保障的权利，特别是在退休、失业、疾病、残废和老年或在其他丧失工作能力的情况下，以及享有带薪假的权利。"③ 等等。

四、1989 年《儿童权利公约》

1989 年 11 月 20 日，第 44 届联合国大会通过了《儿童权利公约》，并开放给各国签字、批准和加入，该公约于 1990 年 9 月 2 日生效。该公约旨在保护儿童权益，为世界各国儿童创建良好的成长环境。该公约共 54 条，分为三个部分。第 26 条和第 27 条规定了

---

① ILO. Social security and the rule of law. ILC. 100/III/1B ［R］. Geneva：ILO, 2011：80.

② 联合国. 消除对妇女一切形式歧视公约［EB/OL］.［2013-07-21］. http：//www. un. org/chinese/hr/issue/f. htm.

③ 联合国. 消除对妇女一切形式歧视公约［EB/OL］.［2013-07-21］. http：//www. un. org/chinese/hr/issue/f. htm.

儿童享有社会保障权的内容。其中，第26条第一款规定："缔约国应确认每个儿童有权受益于社会保障、包括社会保险，并应根据其国内法律采取必要措施充分实现这一权利。"①等等。

五、1990年《保护所有移徙工人及其家庭成员权利国际公约》

1990年12月18日，第45届联合国大会通过了《保护所有移徙工人及其家庭成员权利国际公约》，并开放供签署、批准和加入。该公约旨在促请所有国家保证保护所有移徙工人及其家庭成员。该公约第27条和第54条规定了移徙工人及其家庭成员应享有与就业国国民同样的社会保障待遇，其中，第27条规定："1. 在社会保障方面，移徙工人及其家庭成员应享有与就业国国民同样的待遇，只要他们符合该国适用的立法以及适用的双边或多边条约的规定。原籍国和就业国的有关当局可在任何时候作出必要安排来确定适用这一准则的方式。2. 在适用的立法不允许移徙工人及其家庭成员享有一种福利的情况下，有关国家应审查是否可能根据处于类似情况的本国国民所获待遇，偿还当事人对这种福利所缴的款额。"②

六、2006年《残疾人权利公约》

2006年12月13日，第61届联合国大会通过了《残疾人权利

---

① 联合国. 儿童权利公约 [EB/OL]. [2013-07-21]. http：//www. un. org/chinese/hr/issue/g. htm.

② 联合国. 保护所有移徙工人及其家庭成员权利国际公约 [EB/OL]. [2013-07-21]. http：//www. un. org/chinese/hr/issue/r. htm.

公约》。《残疾人权利公约》由序言和包括宗旨、定义、一般原则等在内的 50 项条款组成。公约的宗旨是促进、保护和确保所有残疾人充分和平等地享有一切人权和基本自由，并促进对残疾人固有尊严的尊重。该公约的核心是确保残疾人享有与健全人相同的权利，并以正式公民的身份生活，从而在获得同等机会的情况下，为社会做出宝贵贡献。该公约涵盖了残疾人应享有的各项权利，如享有平等、不受歧视和在法律面前平等的权利；享有健康、就业、受教育和无障碍环境的权利；享有参与政治和文化生活的权利等。此外，该公约就残疾人事业的国际合作提出相应措施：公约应在第二十份批准书或加入书交存后的第 30 天生效。该公约第 28 条规定了对残疾人应提供适足的生活水平和社会保护，第一款规定："缔约国确认残疾人有权为自己及其家属获得适足的生活水平，包括适足的食物、衣物、住房，以及不断改善生活条件；缔约国应当采取适当步骤，保障和促进在不受基于残疾的歧视的情况下实现这项权利。"第二款规定："缔约国确认残疾人有权获得社会保护，并有权在不受基于残疾的歧视的情况下享有这项权利；缔约国应当采取适当步骤，保障和促进这项权利的实现，包括采取措施：确保残疾人平等地获得洁净供水，并且确保他们获得适当和价格低廉的服务、用具和其他协助，以满足与残疾有关的需要；确保残疾人，尤其是残疾妇女、女孩和老年人，可以利用社会保护方案和减贫方案；确保生活贫困的残疾人及其家属，在与残疾有关的费用支出，包括适足的培训、辅导、经济援助和临时护理方面，可以获得国家援助；确保残疾人可以参加公共住房方案；确保残疾人可以平等享受退休福利和参加退休方案。"①等等。

第三节　区域人权文书对社会保障权的保护

近年来，各大洲已把巩固和有效实施社会保障权提上了政治和社会议程。一些区域层面的文书对社会保障权进行了确认。

一、欧洲人权保护制度

欧洲人权保护制度并不是由一个单一的区域性国际组织制定的，而是由几个区域性国际组织所建立的人权保护机制共同组成的。在欧洲地区，至少有三个区域性国际组织在人权保护方面发挥着各自的作用，它们分别是欧洲理事会、欧洲联盟（简称欧盟）和欧洲安全与合作组织。欧洲理事会在欧洲人权保护方面发挥着最重要的作用，欧盟在人权保护方面发挥的作用是有限的。虽然欧洲安全与合作组织建立的目标是促进和维护欧洲地区的和平与安全，但是，它在欧洲地区的人权保护方面也建立了一些有价值的机制②。

《欧洲人权公约》是欧洲理事会制定的众多区域性人权条约中最重要的人权文件，它于 1950 年通过，1953 年正式生效。1961年，欧洲理事会在意大利的都灵通过《欧洲社会宪章》。《欧洲社会宪章》第 12 条要求缔约国建立或维持社会保障制度，并达到令

---

① 联合国. 残疾人权利公约［EB/OL］.［2013-07-21］. http：//www. un. org/chinese/disabilities/convention/convention. htm.

② 徐显明. 国际人权法［M］. 北京：法律出版社，2004：128.

人满意的水平，至少和批准后的 1952 年《社会保障（最低标准）公约》（第 102 号公约）所要求的水平相当，并努力把社会保障逐步提高到一个更高水平。本条的规定还包括由缔约国采取步骤，以确保平等地对待其他缔约国的国民和本国国民享有平等的社会保障权利，以及维护和恢复社会保障权利。《欧洲社会宪章》第 13 条确认了社会救助和医疗救助的权利。第 13 条第二款规定禁止歧视那些接受救助的人，以及第 13 条第三款规定的建议和帮助可以预防、消除或减轻个人或家庭贫困。特别规定了产假福利，以确保就业妇女有效地行使生育保护的权利（第 8 条），第 16 条规定了家庭福利①。1996 年，欧洲理事会对《欧洲社会宪章》进行了全面的修订，《欧洲社会宪章》有序言、五个部分、一个附件以及一系列议定书附件，第二部分规定了一系列实体权利，包括社会保障权。

1999 年 6 月，欧洲联盟成员国的首脑在德国科隆召开的欧洲会议上，承诺制定一部《欧洲联盟基本权利宪章》。2000 年 12 月，欧洲联盟 15 个成员国一致通过该宪章草案。《欧洲联盟基本权利宪章》的突出特征就是规定了十分广泛的人权内容，而且完全超出了传统意义上的自由民主的人权观念②。第 34 条规定，根据欧洲联盟法和国际法律和惯例所制定的规则，欧盟承认和尊重人们享有社会保障津贴和社会服务的权利，其在生育、疾病、工伤、供养人死亡或年老、失业的情况下提供保护。按照欧洲共同体法和各国的法律和惯例，在欧盟范围内合法居住和流动，每个人都享有社会保障津

---

① ILO. Social security and the rule of law. ILC. 100/III/1B ［R］. Geneva: ILO, 2011: 70.

② 徐显明. 国际人权法 ［M］. 北京：法律出版社，2004：145.

贴和社会服务的权利；为了解决社会排斥和贫困问题，欧洲联盟承认和尊重人们享有社会救助权和住房援助权，以确保所有缺乏足够资源的人们过上体面生活。第 35 条规定，根据国家法律和惯例，每个人都有权获得预防保健和医疗服务，在实施所有欧盟政策和活动中，应确保高水平的人类健康保护①。

二、美洲人权文件

美洲国家组织是根据《联合国宪章》第 52 条建立的区域性国际组织，它根据《美洲国家组织宪章》和《美洲人的权利和义务宣言》建立了人权保护制度，类似于联合国建立的人权保护制度。与《联合国宪章》一样，《美洲国家组织宪章》也规定了一些与人权或基本自由有关的条款，但没有详细地解释个人权利的内容②。1948 年，第 9 届美洲国家国际会议通过《美洲人的权利和义务宣言》，在其序言中强调：“人的权利的国际保护应当作为演进中的美洲法律的主要指南。”③ 该宣言第 16 条承认人人享有社会保障权，即“社会保障保护人们免受失业、年老的影响，以及因自己无法控制的原因造成残疾而无法谋生的影响”④。

《美洲人权公约》及其附加议定书构成第二种美洲人权保护制度。《美洲人权公约》于 1969 年通过，1978 年正式生效。1988 年

---

① ILO. Social security and the rule of law. ILC. 100/III/1B ［R］. Geneva：ILO, 2011：69.

② 徐显明. 国际人权法 ［M］. 北京：法律出版社, 2004：150.

③ ［美］伯根索尔. 国家人权法精要 ［M］. 黎作恒, 译. 北京：法律出版社, 2010：182.

④ ILO. Social security and the rule of law. ILC. 100/III/1B ［R］. Geneva：ILO, 2011：69.

11 月 7 日，美洲国家组织在萨尔瓦多制定议定书，补充《美洲人权公约》所规定的经济、社会和文化权利。该附加议定书进一步扩充了《美洲人权公约》所规定的人权，议定书第 10 条规定了社会保障权："（1）人人应享有社会保障权，以保护人们免受因年老和残疾，从身体上或精神上而无法获得尊严和体面生存的收入的影响。在供养人死亡的情况下，其遗属应享有社会保障；（2）对于就业人员，社会保障权至少应包括工伤事故或职业病患者的医疗和疾病津贴、老年津贴，以及妇女产前和产后的带薪产假。"① 第 11 条规定了健康权，等等②。

对于《美洲人权公约》附加议定书所规定的经济、社会和文化权利来说，监督实施方式是由附加议定书加以规定的，不同于《美洲人权公约》本身所规定的监督实施机制。

三、非洲人权文件

1981 年，非洲统一组织在第 18 次首脑会议上，通过了《非洲人权和民族权宪章》，该宪章填补了《非洲统一组织宪章》没有规定区域性促进和保护人权制度的空白③。从《非洲人权和民族权宪章》的具体规定来看，可以将它规定的人权与民族权利分成以下三类。它们分别是：第一类：公民权利与政治权利；第二类：经济、社会和文化权利；第三类：集体人权④。该宪章没有明文规定社会

① ILO. Social securityandthe rule of law. ILC. 100/III/1B ［R］. Geneva：ILO, 2011：69.
② 徐显明 . 国际人权法 ［M］. 北京：法律出版社, 2004：151–152.
③ 徐显明 . 国际人权法 ［M］. 北京：法律出版社, 2004：163.
④ 徐显明 . 国际人权法 ［M］. 北京：法律出版社, 2004：164.

保障权，但其中有两条规定了社会保障某些方面的权利，如第 16 条规定了健康权，第 18 条第（4）款规定了老年人和残疾人享有特殊保护措施的权利①。

四、阿拉伯人权文件

2004 年 5 月，阿拉伯国家联盟通过了《阿拉伯人权宪章》的修订版，该宪章于 2008 年 3 月 15 日生效。宪章的第一个目的是"将人权置于阿拉伯各国国家重点关注的核心"②。《阿拉伯人权宪章》第 36 条规定："缔约国应确保每个公民的社会保障权利，包括社会保险。"③

---

① ILO. Social securityandthe rule of law. ILC. 100/III/1B［R］. Geneva：ILO, 2011：69.

② ［美］伯根索尔. 国家人权法精要［M］. 黎作恒，译. 北京：法律出版社，2010：255.

③ ILO. Social securityandthe rule of law. ILC. 100/III/1B［R］. Geneva：ILO, 2011：69.

第三章

国际社会保障标准对社会保障权的保护

国际劳工组织制定的社会保障标准在社会保障权的保护方面具有较大的影响，被视为国际社会保障法的基础。本章主要探讨国际劳工组织制定社会保障标准对社会保障权的保护、发展历程、保护框架和内容以及影响。

第一节 国际社会保障标准对社会保障权保护的发展历程

虽然"社会保障"一词首次出现在 1935 年美国制定的《社会保障法》中，但是，国际劳工组织在社会保障领域的标准制定活动可追溯到其 1919 年成立之时。100 多年来，国际劳工组织制定了大量的社会保障标准，积极推进全球社会保障的发展。根据国际劳工组织在不同时期采用的不同社会保障方法，国际劳工组织制定社会保障标准活动可以划分为四个时期：第二次世界大战之前的社会保险时代、第二次世界大战期间的社会保障过渡时期、第二次世界大战之后的社会保障时代和经济全球化背景下的社会保护时代。

一、第二次世界大战之前的社会保险时代（1919—1938 年）

第一代社会保障标准涵盖的风险类别有生育、工伤、职业病、疾病、老年、残疾、遗属和失业 8 个方面，这些标准主要是当时国际环境的产物。

第一次世界大战前，只有少数国家建立社会保障制度。在早期的历史中，社会保障制度的发展与工业化和资本主义社会密切相关。工业革命的各种问题以及资本主义的各种剥削形式导致了 19 世纪后半叶社会保险制度在一个又一个国家的建立。19 世纪 80 年代，德国在全球首次建立社会保险，俾斯麦政府颁布了三项社会保险法律，包括《疾病社会保险法》（1883 年）、《工伤事故保险法》（1884 年）和《老年和残障社会保险法》（1889 年），以应对疾病、年老、残疾及工业事故风险。德国通过对遇到重大风险和收入损失的工人提供经济保障，希望把工人阶级与 1871 年统一的德国民族国家紧紧联系在一起，制定社会保险的目的是保证一个年轻民族的政治稳定。在德国社会保险制度的影响下，欧洲其他国家相继出台了单项社会保险立法，尤其是一战前奥匈帝国和斯堪的纳维亚国家①。这些国家对德国的社会保险模式不是盲目模仿，而是根据本国国情，对其进行了一定程度的修改。这些社会保险计划没有实现全面覆盖，覆盖人群和风险范围非常有限，仅覆盖某些类别工人

---

① RODGERS GERRY, LEE EDDY, SWEPSTON LEE, et al. . The International Labour Organization and the quest for social justice：1919-2009 [M]. Geneva：ILO, 2009：141.

（例如煤矿工人和铁路职工）和几项风险（例如疾病、养老和工伤）。

第一次世界大战使人们对养老、医疗、住房和康复的需求大大增加，这加速了社会保险制度的发展。1919年，根据巴黎和约的规定，在第一次世界大战刚刚结束之时，成立了国际劳工组织。根据1919年《国际劳工组织章程》中概述的任务，国际劳工组织一直高度重视社会保障问题。国际劳工组织在成立后的第一个20年里，根据德国社会保险模式，通过了大量的社会保险公约和建议书，把工人的愿望转化为合法权利，使社会保障权在国际法的保护下得以实现①。

第一次世界大战结束后，在经济和金融危机的国际背景下，国际劳工组织优先考虑制定工作时间和其他工作条件标准，对社会保障问题也给予了一定的解决，但不是很系统。在1919年和1924年之间，国际劳工组织共制定了3项社会保险公约和4项建议书，分别是1919年《失业公约》（第2号公约）、1919年《生育保护公约》（第3号公约）、1921年《（农业）工人赔偿公约》（第12号公约），以及1919年《失业建议书》（第1号建议书）、1921年《（农业）失业建议书》（第11号建议书）、1921年《（农业）生育保护建议书》（第12号建议书）、1921年《（农业）社会保险建议书》（第17号建议书）②。这一阶段的社会保障标准具有以下特点：提供失业和生育津贴，将社会保险扩展到农业工人和外国工人。此

---

① ILO. Social securityandthe rule of law. ILC. 100/III/1B ［R］. Geneva：ILO, 2011：10-11.

② Labour standards ［EB/OL］. ［2013-07-21］. http：//www. ilo. org/global/standards/lang--en/index. htm.

外，这些早期的标准没有规定精算的方法、津贴的数量或者分配的成本，也没有覆盖所有风险和所有职业类别的工人。

20 世纪 20 年代中期，随着世界各国对社会保险关注的日益增加，国际劳工组织加快制定社会保险标准。1925 年，国际劳工大会制定了系统性的社会保险标准，包括 3 项公约和 4 项建议书，分别为 1925 年《工人（事故）赔偿公约》（第 17 号公约）、1925 年《工人（职业病）赔偿公约》（第 18 号公约）和 1925 年《（事故赔偿）同等待遇公约》（第 19 号公约），以及 1925 年《工人赔偿（最低限度）建议书》（第 22 号建议书）、1925 年《工人赔偿（管辖权）的建议书》（第 23 号建议书）、1925 年《工人赔偿（职业病）建议书》（第 24 号建议书）、1925 年《（事故赔偿）同等待遇建议书》（第 25 号建议书）。这些标准有一个共同的特点：它们没有覆盖全部人口，只覆盖特定部门和职业类别的工人（工业、农业、移民或海事工人），每个标准涵盖一项具体的风险。1927 年，国际劳工大会通过了 2 项公约和 1 项建议书，分别为 1927 年《（工业）疾病保险公约》（第 24 号公约）、1927 年《（农业）疾病保险公约》（第 25 号公约）、1927 年《疾病保险建议书》（第 29 号建议书）①。

20 世纪 30 年代，所有国家都面临着经济大萧条的严重局势，国际劳工组织开始进行新一轮的社会保险标准制定工作。在 1932 年和 1934 年之间，国际劳工组织为了解决工业和农业部门的老年、残疾、失业和遗属保险（寡妇和孤儿）问题，通过 8 项公约和 3 项

---

①　Labour standards ［EB/OL］. ［2013-07-21］. http：//www. ilo. org/global/standards/lang--en/index. htm.

建议书，分别为1933年《（工业等）老年保险公约》（第35号公约）、1933年《（农业）老年保险公约》（第36号公约）、1933年《（工业等）残疾保险公约》（第37号公约）、1933年《（农业）残疾保险公约》（第38号公约）、1933年《（工业等）遗属保险公约》（第39号公约）、1933年《（农业）遗属保险公约》（第40号公约）、1934年《工人（职业病）赔偿公约》（修订）（第42号公约）、1934年《失业补贴公约》（第44号公约），以及1933年《残疾人、老年和遗属保险建议书》（第43号建议书）、1934年《失业补贴建议书》（第44号建议书）、1935年《（未成年人）失业建议书》（第45号建议书）[1]。

总的来说，在1919年至1939年期间，国际劳工组织在社会保障领域通过了16项公约和12项建议书[2]。（见表3-1）

表3-1　国际劳工组织在社会保障领域通过的公约和建议书（1919—1938年）

	公约	建议书
1	1919年《失业公约（第2号公约）》	1919年《失业建议书》（第1号建议书）
2	1919年《生育保护公约》（第3号公约）	1921年《（农业）失业建议书》（第11号建议书）
3	1921年《（农业）工人赔偿公约》（第12号公约）	1921年《（农业）生育保护建议书》（第12号建议书）
4	1925年《工人（事故）赔偿公约》（第17号公约）	1921年《（农业）社会保险建议书》（第17号建议书）

---

① Labour standards [EB/OL]. [2013-07-21]. http://www.ilo.org/global/standards/lang--en/index.htm.

② 注：不包括海员的社会保障公约和建议书.

	公约	建议书
5	1925 年《工人（职业病）赔偿公约》（第 18 号公约）	1925 年《工人赔偿（最低限度）建议书》（第 22 号建议书）
6	1925 年《（事故赔偿）同等待遇公约》（第 19 号公约）	1925 年《工人赔偿（管辖权）的建议书》（第 23 号建议书）
7	1927 年《（工业）疾病保险公约》（第 24 号公约）	1925 年《工人赔偿（职业病）建议书》（第 24 号建议书）
8	1927 年《（农业）疾病保险公约》（第 25 号公约）	1925 年《（事故赔偿）同等待遇建议书》（第 25 号建议书）
9	1933 年《（工业等）老年保险公约》（第 35 号公约）	1927 年《疾病保险建议书》（第 29 号建议书）
10	1933 年《（农业）老年保险公约》（第 36 号公约）	1933 年《残疾、老年和遗属保险建议书》（第 43 号建议书）
11	1933 年《（工业等）残疾保险公约》（第 37 号公约）	1934 年《失业补贴建议书》（第 44 号建议书）
12	1933 年《（农业）残疾保险公约》（第 38 号公约）	1935 年《（未成年人）失业建议书》（第 45 号建议书）
13	1933 年《（工业等）遗属保险公约》（第 39 号公约）	
14	1933 年《（农业）遗属保险公约》（第 40 号公约）	
15	1934 年《工人（职业病）赔偿公约》（修订）（第 42 号公约）	
16	1934 年《失业补贴公约》（第 44 号公约）	

资料来源：Labour standards.

http：//www.ilo.org/global/standards/lang--en/index.htm. 2013-07-21.

在国际劳工组织成立后的第一个 20 年里，国际劳工组织通过的社会保障标准对社会保障权进行保护，其特点如下：

第一，社会保障标准主要采取强制性缴费型社会保险模式。实际上，这个模式由德国首创，而不是由国际劳工组织发明，国际劳工组织只是在世界范围内加强和扩大那些已在国家实践中坚持的社会保险原则。这些标准规定的社会保险采取强制性原则，它建立在工人权利的基础之上，目标是尽可能地把大量的工薪阶层包括在内，而不是建立在所有公民权利的基础之上，实现人人享有社会保障。此外，社会保险由雇主和工人共同缴费，对与劳动收入损失相关的风险，由雇主和雇员共同承担社会和经济责任，而对于公共机构的财政责任没有做出规定。最后，根据国际劳工标准，社会保险不是私人保险，它必须在没有任何盈利动机的公共机构的行政监督下，由自治的社会伙伴管理机构进行管理。但是，由于早期的标准没有做进一步的规定，国际劳工组织对于实际的社会保险管理保持相当模糊①。

第二，从国际层面来看，国际劳工组织建立统一社会保障标准，不是因为社会保障是一项基本人权，而是因为成员国担心以社会倾销形式进行的不公平竞争。根据国际劳工组织的理念，只有所有国家都接受共同的劳动和社会保障标准，和平才能持久，并且避免全球经济失衡。在那时，所反映的不是个人的权利，而是工人集体的权利，社会保障的效果需要从工人群体的角度进行评估。在当

---

① RODGERS GERRY, LEE EDDY, SWEPSTON LEE, et al. The International Labour Organization and the quest for social justice: 1919–2009 [M]. Geneva: ILO, 2009: 145.

时，国家主权的概念被认为和任何一种用于处理国家和公民之间关系的国际标准都是不相容的。因此，作为一项规则，早期的国际社会保障标准并没有赋予个人社会保障权利，而是为国家提供一份关于国家应当如何尽可能有效地组织社会保障制度的清晰描述。因此，国际劳工组织第一阶段的社会保障标准采用的是以国家为导向的方法①。

第三，在两次世界大战期间，国家层面的社会保障制度的发展是富有成效的。已经存在的社会保险模式被拓宽，例如，象失业风险这样新的风险被包括在内，受保护人的范围不断扩大。虽然社会保险模式在当时是盛行的，但这种模式并不是唯一的模式，在斯堪的纳维亚国家，不仅是工人，而且所有居民都受到保护。

二、第二次世界大战期间的社会保障过渡时期（1939—1944年）

第二次世界大战给人类带来了巨大的灾难和损失，使各国经济社会发生了根本性的变化。在战争期间，各国明确地表达了战后构建一个公正和民主社会的世界愿景。人们认为社会保障的技术和方法是次要的，维护社会稳定和缩小社会差距才是最重要的。这一时期建立国际社会保障标准的主要动力不是国际竞争问题，而是"人性良知"和"社会正义原则"问题②。

第二次世界大战期间，国际劳工组织在社会保障领域的工作从

---

① RIEDEL EIBE. Social security as a human right：drafting a general comment on article 9 ICESCR-some challengers［M］. Berlin：Springer, 2007：104-105.

② RIEDEL EIBE. Social security as a human right：drafting a general comment on article 9 ICESCR-some challengers［M］. Berlin：Springer, 2007：107.

传统的社会保险概念转向更加一体化的普遍性社会保障概念。20世纪 30 年代中期，国际劳工组织开始倾向于盎格鲁—撒克逊世界，并在第二次世界大战期间得到进一步加强。1933 年，德国专家和代表离开国际劳工组织，占主导地位的德国社会保险模式已站不住脚。1935 年，德国的会员资格正式停止，美国作为一个新的国际劳工组织成员国第一次出席了国际劳工大会①。此外，美国和英国是组织战后世界新秩序的主要国家，也是国际劳工组织在战争时期的主要资助者。在这种背景下，国际劳工组织开始依赖以美国和英国为首的西方盟国政府，并使自己的思想逐渐与他们相一致。

1941 年，美国总统罗斯福与英国首相丘吉尔签署了联合宣言，即《大西洋宪章》，又称《罗斯福丘吉尔联合宣言》，该宪章两次提到社会保障。1941 年 11 月 5 日，国际劳工大会通过一项决议，承诺支持《大西洋宪章》。

1941 年，英国经济学家威廉·贝弗里奇负责对当时英国的社会保险方案及相关服务进行调查，并就战后重建社会保障计划进行构思设计，提出具体方案和建议。1942 年，贝弗里奇提交了《社会保险和相关服务》报告，即《贝弗里奇报告》。在该报告中，英国社会保障计划的核心是社会保险方案，结合国民救助和自愿保险方案等辅助措施，目标是消除贫困。社会保障意味着普遍覆盖全部人口，并提供与人类尊严相关的福利，以及为那些不能从社会保险中

---

① RODGERS GERRY, LEE EDDY, SWEPSTON LEE, et al. The International Labour Organization and the quest for social justice: 1919-2009 [M]. Geneva: ILO, 2009: 147.

受益的人们提供社会救助①。

1943 年，国际劳工组织开始积极支持和促进英国发展起来的新的社会保障模式，表明了国际劳工组织的工作开始明确和公开地向社会保障转变，这为 1944 年《费城宣言》关于社会保障的任务铺平了道路②。

1944 年，国际劳工组织在美国费城举行了第 26 届国际劳工大会，通过了《关于国际劳工组织的目标和宗旨的宣言》（即《费城宣言》）③。该宣言纳入国际劳工组织章程，重申国际劳工组织在社会保障方面的庄严任务。国际劳工组织在《费城宣言》中第一次正式使用"社会保障"新概念，此后，综合性社会保障概念得到了发展。

面临战争结束后重建任务的艰巨性，《费城宣言》坚持国际劳工组织章程所阐述的真理，为了重塑世界秩序，所有的经济、金融政策和社会政策应协调一致，以减轻人民恐惧和贫困。《费城宣言》承认"国际劳工组织的庄严义务就是进一步在世界各国推进各种将要达到的计划"，其中包括"扩大社会保障措施，以便为所有需要此种保护的人提供基本的收入和全面的医疗服务"和"提供儿童福利和生育保护"④。这是国际社会第一次宣布将社会保障扩大至所

① ILO. Social securityandthe rule of law, ILC. 100/III/1B ［R］. Geneva：ILO, 2011：10.
② RODGERS GERRY, LEE EDDY, SWEPSTON LEE, et al. The International Labour Organization and the quest for social justice, 1919-2009 ［M］. Geneva：ILO, 2009：153.
③ 刘旭. 国际劳工标准概述 ［M］. 北京：中国劳动社会保障出版社，2003：167.
④ ILO. Social securityandthe rule of law, ILC. 100/III/1B ［R］. Geneva：ILO, 2011：6.

有人的承诺。随后，大会通过了两项建议书，即 1944 年《收入保障的建议书》（第 67 号建议书）和《医疗保健建议书》（第 69 号建议书），勾勒出《费城宣言》所提出的全面社会保障体系的蓝图。

在这段时期，国际劳工组织未制定一项社会保障公约，仅制定了第 67 号和 69 号建议书，它们对社会保障权保护的特点如下：

第一，这两项建议书直接引用《大西洋宪章》中的第五条，其指导原则受《贝弗里奇报告》的影响，明确强调社会保障是所有公民的一项普遍的基本权利。

第二，从技术上来看，这两项建议书以社会保险和社会救助的综合方法为基础，并阐明收入保障应尽可能地在强制性社会保险的基础上进行组织实施。工人应受到保护以应对的风险范围包括：疾病、生育、残疾、老年（或养家糊口者死亡）和失业。强制性社会保险没有规定贫困风险，社会救助为所有贫困者提供保护，具体来说，包括某些类别的人，特别是孤儿、贫困的残疾人、老年人和寡妇①。

第三，这两项建议书被认为是迄今为止最先进的社会保障标准。它们包括合理和平衡的社会保障所有必要的组成部分，并且以一种非常紧凑的方式起草。虽然这些建议书是半个多世纪前的战争期间起草制定的，但它们没有过时，仍然是社会保障的基本文件。和二战前的公约相比，这些建议书是没有约束力的，但可作为国际

---

① RODGERS GERRY, LEE EDDY, SWEPSTON LEE, et al. The International Labour Organization and the quest for social justice, 1919-2009 [M]. Geneva: ILO, 2009: 154.

劳工组织成员国建立和改革社会保障制度的指导准则①。

三、第二次世界大战后的社会保障时代（1945—2000 年）

1945 年，第二次世界大战结束，整个世界都发生了变化，全球经济以前所未有的速度增长，越来越多的国家开始采用或扩大社会保障措施。1946 年，国际劳工组织与新成立的联合国签订协议，成为联合国系统内负责劳动与社会事务的专门机构。

1952 年，国际劳工大会通过《社会保障（最低标准）公约》（第 102 号公约），该公约于 1955 年 4 月 27 日生效。二战前社会保障公约建立在社会保险思想基础之上，与之不同的是，这二战后的公约采用了更广泛的社会保障方法②。第 102 号公约是唯一定义了 9 项传统社会保障项目的国际公约，并对每种情形规定了最低标准。第 102 号公约的一个突出特点是含有灵活性条款，使批准该公约的成员国可以逐步实现全民覆盖。此外，1952 年还通过了《生育保护公约（修订）》（第 103 号公约）和《生育保护建议书》（第 95 号建议书）。

第 102 号公约为国际劳工组织在 20 世纪中后期制定社会保障标准确定了基调。20 世纪 60 年代，国际劳工组织在社会保障领域通过了 4 项公约和 4 项建议书。在这些公约中，基本的社会保障概念和第 102 号公约中的概念是一样的。新公约对二战前的社会保险

---

① RIEDEL EIBE. Social security as a human right: drafting a general comment on article 9 ICESCR-some challengers [M]. Berlin: Springer, 2007: 107-108.

② RIEDEL EIBE. Social security as a human right: drafting a general comment on article 9 ICESCR-some challengers [M]. Berlin: Springer, 2007: 109.

公约进行了修订，使之和第 102 号公约相一致，并允许充分的灵活性，以鼓励各国批准。1962 年，国际劳工大会通过了《（社会保障）同等待遇公约》（第 118 号公约）。第 118 号规定了凡批准该公约的国家对在其领土上的任何国家的国民均承担义务，给予与本国国民依本国立法可以得到的各种社会保障的同等待遇，条件是这些其他国家也批准了第 118 号公约。1964 年，国际劳工大会通过了《工伤事故和职业病津贴公约》（第 121 号公约）、《工伤事故和职业病津贴建议书》（第 121 号建议书），第 121 号公约和第 121 号建议书把由第一代单独标准所覆盖的工伤事故和职业病重新组合成一项新的文书。1967 年，国际劳工大会通过了《残疾、老年和遗属津贴公约》（第 128 号公约）和《残疾、老年和遗属津贴建议书》（第 131 号建议书），第 128 号公约和第 131 号建议书把残疾、老年和遗属津贴等长期福利也重新组合成一项新的文书，这反映了把这三个项目合并为一个制度的趋势。1969 年，国际劳工大会通过了《医疗和疾病津贴公约》（第 130 号公约）和《医疗和疾病津贴建议书》（第 134 号公约），这两项标准把医疗保健和疾病津贴放在一起，反映了朝着建立全面的健康保险制度发展的趋势①。

1982 年，国际劳工大会通过了《维护社会保障权利公约》（第 157 号公约），第 157 号公约专门针对保护移民工人社会保障权利问题，同时，该公约补充了 1962 年《（社会保障）同等待遇公约》（第 118 号公约）中的规定。1983 年，国际劳工大会又通过了《维护社会保障权利建议书》（第 167 号建议书），该建议书对第 157 号

---

① Labour standards［EB/OL］. ［2013 - 07 - 21］. http：//www. ilo. org/global/standards/lang--en/index. htm.

公约确定的基本原则做了示范性的具体规定，同时提供了国际间协调的示范性协议。1988 年，国际劳工大会通过《促进就业和失业保护公约》（第 168 号公约）和《促进就业和失业保护建议书》（第 176 号建议书），第 168 号公约和第 176 号建议书是关于促进就业和失业保护的标准，它是在促进充分的、生产性的和自由选择的就业这个优先目标指引下的更广泛的一组社会政策。为实现这个目标，社会保障与其他手段相协调，例如特殊就业机会和积极的劳动力市场措施、就业服务、职业培训和指导、康复服务等。第 168 号公约引发人们进行更深刻的思考，当把一个更广泛的社会经济发展和人力资源开发框架整合在一起时，社会保障是最有效的①。

　　2000 年，国际劳工大会对 1952 年《生育保护公约（修订）》（第 103 号公约）和《生育保护建议书》（第 95 号建议书）进行了修订，通过了《生育保护公约》（第 183 号公约）和《生育保护建议书》（第 191 号建议书），进一步促进劳动力中的所有妇女平等就业以及母亲和儿童的健康与安全，从而解除就业的后顾之忧。

　　在第二次世界大战后的 50 多年里，国际劳工组织采用社会保障方法，通过了 8 项公约和 6 项建议书②（见表3-2），为指导全球社会保障的发展做出了贡献。

---

① ILO. Social securityandthe rule of law. ILC. 100/III/1B ［R］. Geneva：ILO，2011：11.

② Labour standards ［EB/OL］. ［2013-07-21］. http：//www. ilo. org/global/standards/lang--en/index. htm.

表 3-2　国际劳工组织在社会保障领域通过的公约和建议书（1945—2000 年）

	公约	建议书
1	1952 年《社会保障（最低标准）公约》（第 102 号公约）	1952 年《生育保护建议书》（第 95 号建议书）
2	1952 年《生育保护公约（修订）》（第 103 号公约）	1964 年《工伤事故和职业病津贴建议书》（第 121 号建议书）
3	1962 年《（社会保障）同等待遇公约》（第 118 号公约）。	1967 年《残疾、老年和遗属津贴建议书》（第 131 号建议书）
4	1964 年《工伤事故和职业病津贴公约》（第 121 号公约）	1969 年《医疗和疾病津贴建议书》（第 134 号公约）
5	1967 年《残疾、老年和遗属津贴公约》（第 128 号公约）	1983 年《维护社会保障权利建议书》（第 167 号建议书）
6	1969 年《医疗和疾病津贴公约》（第 130 号公约）	1988 年《促进就业和失业保护建议书》（第 176 号建议书）
7	1982 年《维护社会保障权利公约》（第 157 号公约）	2000 年《生育保护建议书》（第 191 号建议书）
8	1988 年《促进就业和失业保护公约》（第 168 号公约）	
9	2000 年《生育保护公约》（第 183 号公约）	

资料来源：Labour standards.

　　综上所述，在这一时期，国际劳工组织制定了大量的具有全球影响力的社会保障标准。这一时期社会保障标准对社会保障权保护的特点如下：

　　第一，社会保障标准特别是第 102 号公约顺应了《费城宣言》提出的社会保障主张，即通过充分就业和社会保障，每个人都应享有收入保障和医疗保健。通过将社会保障覆盖范围扩大到更广泛类别的人们，第 102 号公约体现了人人享有社会保障权的思想。

第二，国际劳工组织制定社会保障标准，目的是使标准在成员国得到有效实施，从而把工业化国家建立的社会保障模式逐步扩展到发展中国家。但是，在实践中，社会保障标准中的工薪阶层没有如期望的那样在南半球国家普及，在大多数情况下，这里的非正规经济变得日益普遍，在正规就业之外的无组织工人被排除在国际劳工组织推行的社会保障模式之外。因而，非正规部门工人缺乏社会保障权是国际劳工组织面临的一项重大挑战。

四、经济全球化背景下的社会保护时代（2001 年至今）

在 20 世纪 90 年代，整个劳动世界发生了深刻的变化，即就业格局发生变化、非正规就业增加、家庭结构变化、人口老龄化以及健康面临着新的风险①，全球社会保障制度面临着新的需求和挑战。从 1989 年至 2011 年，国际劳工组织在社会保障方面的规范性活动经历了长期的停止状态。2000 年，国际劳工大会对 1952 年《生育保护公约（修订）》（第 103 号公约）和 1952 年《生育保护建议书》（第 95 号建议书）进行修订，通过了 2000 年《生育保护公约》（第 183 号公约）和《生育保护建议书》（第 191 号建议书），除此之外，国际劳工组织没有制定一项新的社会保障标准。因此，调整社会保障制度以适应人口和经济社会的变化，以及通过改善社会保障制度的设计和治理，使其与劳动力市场和就业政策更加协调，是国际劳工组织在 21 世纪初面临的紧迫任务。

---

① 劳动世界的格局改变：2006 年国际劳工组织报告 [EB/OL]. [2013-08-15]. http://www. un. org/chinese/esa/labour/changingpatterns/2_ 5. html.

1999 年，国际劳工组织总干事胡安·索马维亚发表题为《体面劳动》的报告，指出在全球化的背景下，国际劳工组织面临的挑战是"寻求增加保护和尊重社会保障基本原则的解决方案"①。这些体面劳动议程优先事项，在 21 世纪初已成为国际劳工组织的行动方案，通过在第三世界扩大社会保障覆盖面，以弥补在全球经济中的社会保障赤字②。

2001 年，国际劳工大会第 89 届会议通过了关于社会保障问题的决议和结论。通过决议的目标就是为了了解社会保障的真实发展并给予指导，同时，将第 102 号公约的硬法标准降低为软法。大会强调社会保障没有一个单一正确的模式，它随着时间的推移而发展和改善。国家在促进社会保障发展和扩大覆盖面方面要发挥首要作用，所有制度都应符合某些基本的原则，特别是保险待遇应该是有保障和非歧视的。方案应该以健全而透明的方式实施，行政费用要尽可能降低，以及社会伙伴在其中要发挥强有力的作用③。因此，以工人为导向的方法被抛弃了，代替以人权为导向的方法。这种新方法的好处就是把后工业化国家和发展中国家有分歧的需求在一定程度上进行了协调，这个方法对于解决关键问题具有灵活性和适用性④。

① ILO. Decent work：Report of the Director-General ［R/OL］. International Labour Conference, 87th Session, 1999：1：［2013-08-15］. http：//www. ilo. org/public/english/standards/relm/ilc/ilc87/rep-i. htm.

② ILO. Social securityandthe rule of law. ILC. 100/III/1B ［R］. Geneva：ILO, 2011：7.

③ 国际劳工局. 社会保障：新共识 ［M］. 北京：中国劳动社会保障出版社，2004：2.

④ RIEDEL EIBE. Social security as a human right：drafting a general comment on article 9 ICESCR-some challengers ［M］. Berlin：Springer, 2007：111.

2012 年 6 月 14 日，第 101 届国际劳工大会通过了《社会保护底线建议书》（第 202 号建议书）。该建议书旨在扩大基本医疗保健和基本收入保障，以覆盖世界各地的亿万人们。该建议书是一个全球性社会政策的突破，它要求各国在国家发展进程中，尽早实施社会保护底线。

就第 202 号建议书而言，社会保护底线是国家确定的一套基本的社会保障，旨在防止或消除贫困、脆弱性以及社会排斥方面而提供保护。社会保护底线至少应包括以下基本的社会保障：对没有劳动能力的儿童、老年人、残疾人以及无法获得足够收入的劳动适龄人口提供基本的收入保障，对所有人提供基本的医疗保健①。第 202 号建议书在以下两个方面向成员国提供指导：1. 在条件适宜的情况下，建立、完善和实施社会保护底线，将其作为国家社会保障体系中的一个基本要素；2. 在国际劳工组织社会保障标准的指导下，在逐步确保尽可能多的人口享有更高社会保障水平的社会保障扩展战略范围内，落实社会保护底线②。

第 202 号建议书的目的是为成员国制定社会保障扩展战略提供指导，以使其符合、支持更广泛的国家社会、经济和就业政策战略，此外，寻求为减贫和非正规就业的正规化作出贡献。

在这一时期，国际劳工组织制定了一项社会保障标准，即 2012 年《社会保护底线建议书》（第 202 号建议书），其对社会保障权

---

① R202-Social Protection Floors Recommendation, 2012（No. 202）［EB/OL］.［2013-08-08］. http：//www. ilo. org/dyn/normlex/en/f? p = NORMLEXPUB：12100：0：NO：12100：P12100_ INSTRUMENT_ ID：3065524：NO.

② 国际劳工局. 争取社会正义和公平全球化的社会保护底线［R］. 日内瓦：国际劳工组织，2012：4-5.

保护的特点如下：

第一，第202号建议书，反映了全球三方承诺，即保证以国家确定的社会保护底线形式，向所有人提供至少基本水平的社会保障，并确保逐渐扩大保护范围，提高保护水平。

第二，第202号建议书对于成员国在建立全国社会保障体系中设立社会保护底线，提供灵活且有意义的指导。

回顾国际劳工组织在社会保障领域标准制定活动的100多年历史，从历史发展的角度来看，这些标准反映的概念分别为：社会保险、社会保障和社会保护，相应地，社会保障从工人的社会保险权发展为所有人的社会保障权和社会保护权。100多年来，国际劳工组织制定并通过了一系列国际社会保障标准，建立了社会保障权的规范性框架。

第二节 国际社会保障标准对社会保障权保护的法律框架

国际劳工组织实现人人享有社会保障任务的基本行动手段就是设置国际劳工标准。自1919年成立以来，国际劳工组织已经通过了大量社会保障标准，包括31项公约及24项建议书①，极大地促进社会保障作为一项普遍人权的发展。

2002年，国际劳工组织理事会确认8项公约为时新社会保障公

---

① Labour standards [EB/OL]. [2013-08-08]. http://www. ilo. org/global/standards/lang--en/index. htm.

约以及 7 项建议书为时新社会保障建议书。2012 年，第 101 届国际劳工大会通过《社会保护底线建议书》（第 202 号建议书），目前，国际劳工组织时新社会保障标准包括 8 项公约和 8 项建议书（见表3-3）。这些文件汇在一起，构成专门调整社会保障关系，保护社会保障权的国际社会保障标准框架。

表 3-3　时新社会保障标准

	公约	建议书
综合性社会保障标准	1952 年《社会保障（最低标准）公约》（第 102 号公约）	1944 年《收入保障建议书》（第 67 号建议书）
	1962 年《（社会保障）同等待遇公约》（第 118 号公约）	1983 年《维护社会保障权利建议书》（第 167 号建议书）。
	1982 年《维护社会保障权利公约》（第 157 号公约）	2012 年《社会保护底线建议书》（第 202 号建议书）
专项社会保障标准	1964 年《工伤事故和职业病津贴公约》（第 121 号公约）	1964 年《工伤事故和职业病津贴建议书》（第 121 号建议书）
	1967 年《残疾、老年和遗属津贴公约》（第 128 号公约）	1967 年《残疾、老年和遗属津贴建议书》（第 131 号建议书）
	1969 年《医疗和疾病津贴公约》（第 130 号公约）	1969 年《医疗和疾病津贴建议书》（第 134 号建议书）
	1988 年《促进就业和失业保护公约》（第 168 号公约）	1988 年《促进就业和失业保护建议书》（第 176 号建议书）
	2000 年《生育保护的公约》（第 183 号公约）	2000 年《生育保护建议书》（第 191 号建议书）

资料来源：Up to date instruments list，2011.

http：//www. ilo. org/global/standards/WCMS _ 125121/lang － － en/index. htm.
2013－08－10.

这些标准形成了一个严密简洁的社会保障发展框架，为社会保障 9 个项目设立了最低标准和更高标准，规定了外国工人与本国工人享受同等的社会保障待遇，建立了维护社会保障权利的国际体系，为成员国建立社会保护底线提供指导准则。

一、综合性社会保障标准

根据表 3-3，在时新社会保障标准中，综合性社会保障标准包括 3 项公约和 3 项建议书，它们分别是 1952 年《社会保障（最低标准）公约》（第 102 号公约）、1962 年《（社会保障）同等待遇公约》（第 118 号公约）和 1982 年《维护社会保障权利公约》（第 157 号公约）以及 1944 年《收入保障建议书》（第 67 号建议书）、1983 年《维护社会保障权利建议书》（第 167 号建议书）和 2012 年《社会保护底线建议书》（第 202 号建议书）。

（一）第 67 号建议书——全面社会保障体系的蓝图

1944 年《收入保障建议书》（第 67 号建议书）把为所有无法工作或无法获得有报酬工作的人提供收入保障的规定集中在一个文件中，并建议将这些规定扩大到所有工人及其家属，不管他们是受雇者还是自雇者，来自城市还是乡村。第 67 号建议书提议建立全面的社会保障体系，它以社会保险作为主要的保护机制，另外，该建议书是将社会救助确定为社会保险补充的第一项国际文书，因而，其保障范围扩大到弱势群体和贫困人口。简单地说，第 67 号建议书把所有的收入替代机制组合在一起，以构建一个综合性的社会保障体系，这个任务由后来的第 102 号公约完成①。

第 67 号建议书包括指导原则和附录两部分。其中，第一部分包括指导收入保障计划发展的三组原则：总的指导原则，关于社会保险的指导原则和关于社会救助的指导原则。第二部分为建议书的附录，它通过为三组原则在实践中的实施提供建议而补充这些原则②。

第 67 号建议书规定了总的指导原则：1. 通过将因无法工作（包括老年）或无法获得有报酬的工作以及养家糊口者死亡而失去的收入恢复到一个合理的水平，收入保障旨在缓解贫困或者防止贫困。2. 收入保障应尽可能地在强制性社会保险的基础之上进行组织，考虑到他们的缴费，达到规定条件的受保护人有资格享有法律规定的津贴。3. 对那些不能由社会保险覆盖的穷人，应由社会救助提供津贴，某些类别的人，特别是受抚养的儿童和贫困的残疾人、老年人和寡妇，应当有资格享有法律规定的合理津贴③。该建议书的一个关键原则就是普遍性原则，通过把社会保险和社会救助相结合，让所有人享有收入保障。

第 67 号建议书关于社会保险方面的指导原则涉及社会保险的主要参数，包括意外事故的覆盖范围、受保护人的范围、津贴水平与缴费条件、费用的分配以及社会保险的融资和管理。该建议书建

---

① ILO. Social securityandthe rule of law. ILC. 100/III/1B ［R］. Geneva：ILO，2011：17.

② R067-Income Security Recommendation，1944（No. 67）［EB/OL］.［2013-08-10］. http：//www. ilo. org/dyn/normlex/en/f？ p = NORMLEXPUB：12100；0；NO：12100；P12100_ INSTRUMENT_ ID：312405；NO.

③ R067-Income Security Recommendation，1944（No. 67）［EB/OL］.［2013-08-10］. http：//www. ilo. org/dyn/normlex/en/f？ p = NORMLEXPUB：12100；0；NO：12100；P12100_ INSTRUMENT_ ID：312405；NO.

议强制性社会保险应涵盖所有的意外事故，提供的待遇密切适应于各种需求，所涵盖的意外情形应分为以下几类：疾病、生育、残疾、老年、养家糊口者死亡、失业、应急费用支出以及工伤。社会保险应对遭遇意外事故的所有雇员和自雇者以及他们的家属提供保护。津贴费用，包括管理成本的费用，应在被保险人、雇主和纳税人之间分配。社会保险管理应在一个总的社会保障服务系统内统一或协调，缴费者应通过他们的组织决定或建议管理政策，并提出立法或法规框架①。

第 67 号建议书关于社会救助方面的指导原则涉及儿童抚养费、贫困的残疾人、老年人和寡妇的生活费以及一般原则。社会救助机制充当了社会保险的补充作用，确保受抚养子女的福祉，以及将特殊的津贴直接提供给那些不能领取社会保险津贴的残疾人、老年人和寡妇，他们的津贴不能超过规定的水平。此外，将现金或部分现金和部分实物形式的适当津贴提供给所有贫困的人②。

（二）第 102 号公约——发展全面社会保障体系的参考

在 8 项社会保障时新公约中，1952 年《社会保障（最低标准）公约》（第 102 号公约）是至关重要的旗舰公约，它与第一代社会保障标准不同，反映了更加广泛的社会保障概念。自 1952 年通过以来，第 102 号公约对世界各国社会保障的发展产生了重大影响。

---

① R067-Income Security Recommendation, 1944 (No. 67) [EB/OL]. [2013-08-10]. http: //www. ilo. org/dyn/normlex/en/f? p = NORMLEXPUB: 12100: 0: NO: 12100: P12100_ INSTRUMENT_ ID: 312405: NO.

② R067-Income Security Recommendation, 1944 (No. 67) [EB/OL]. [2013-08-10]. http: //www. ilo. org/dyn/normlex/en/f? p = NORMLEXPUB: 12100: 0: NO: 12100: P12100_ INSTRUMENT_ ID: 312405: NO.

第 102 号公约阐述了指导国家社会保障体系的制定、融资、治理和监督的原则，体现了国际公认的社会保障根本原则。与早期的文书相比，它确立了要达到的目标，而不是适用的技术。

第 102 号公约把 1944 年《收入保障建议书》（第 67 号建议书）和 1944 年《医疗保健建议书》（第 69 号建议书）① 中的思想转化为法律义务，并且通过把社会保障建成国际法的一个单独分支而成为具有里程碑意义的国际文件。该公约把 9 项津贴重新组合成一部全面的和具有法律约束力的文件，这 9 项津贴包括医疗保健、疾病津贴、失业津贴、老年津贴、全面工伤津贴、家庭津贴、生育津贴、残疾津贴和遗属津贴，它们构成了社会保障体系。该公约为每种情形制定了最低标准，在发生某种情况时受到保护人口的一个最低比例，在发生某种情况时提供津贴的一个最低水平以及享受有关津贴的条件和期限。此外，该公约把 9 项津贴置于适用于整个社会保障体系的治理原则之下。该公约设置了社会保障的基本参数，其唯一目标就是通过覆盖各种意外事故，维护受益人及其家人的健康和体面生活②。

第 102 号公约包括 15 部分，共 87 条，在 2006 年《海事劳工公约》通过之前，它是最长的国际劳工标准。第 2 部分和第 10 部分关于 9 项社会风险建立了最低保障标准。此外，除了对具体的社会保障项目进行规定外，该公约还对所有社会保障项目制定了共同条款，包括批准和实施公约的灵活性选项（第 1 部分）、定期支付

---

① 2000 年，国际劳工组织审查社会保障标准的三方工作组把第 69 号建议书列为"过渡性"标准，因为其没有完全考虑当前的某些情况，但仍然具有相关性。

② ILO. Social security and the rule of law. ILC. 100/III/1B ［R］. Geneva：ILO, 2011：22.

应遵循的标准（第 11 部分）、平等对待非本国居民（第 12 部分）以及停止发放津贴的规则、上诉的权利、融资和管理（第 13 部分）①。总之，第 102 号公约的规定既具有强制性，又具有灵活性，它能在较大程度上适应不同经济发展水平的国家，适应多种多样的社会保障制度。第 102 号公约有助于在全世界建立平等的社会条件，是防止全球社会保障体系退步的手段。

（三）移民工人的社会保障标准——维护社会保障权利的国际体系

国际劳工组织自成立以来就非常关注移民工人这些特别脆弱群体的情况，通过制定标准，一直努力为他们提供保护②。国际劳工大会通过的大多数社会保障公约特别规定，应当给予外国工人与本国工人同等的社会保障待遇。而关于移民工人的时新社会保障标准包括 2 项公约和 1 项建议书，即 1962 年《（社会保障）同等待遇公约》（第 118 号公约）、1982 年《维护社会保障权利公约》（第 157 号公约）和 1983 年《维护社会保障权利建议书》（第 167 号建议书）。这些社会保障标准都包含了第 102 号公约所规定的 9 项社会保障津贴。其中，第 118 号公约为了专门解决移民工人社会保障情况，规定外国工人及其家人享有与本国工人同等待遇的权利③。第 157 号公约规定了移民工人的社会保障既得权利和待得权利，把维护社会保障权利的范围扩大到第 102 号公约规定的 9 项津贴。该公

---

① ILO. Social security and the rule of law. ILC.100/III/1B ［R］. Geneva：ILO, 2011：24.

② HUMBLET MARTINE, SILVA ROSINDA. Standards for the XXIst Century：Social Security ［M］. Geneva：ILO, 2002：41.

③ 国际劳工组织. 国际劳工公约与建议书（第一卷）［M］. 北京：国际劳工组织北京局, 1994：322-323.

约要求有关国家通过订立双边或多边协议来解决因工人流动就业或移居他国而产生的保持社会保障权利的问题，并研究防止重复缴纳保险费、重复领取社会保障津贴等可能发生的弊病的方法①。第167号建议书是对第157号公约的补充，它对第157号公约确定的基本原则做了示范性规定，同时提供了协调双边或多边社会保障文件的示范协议②。

这些关于移民工人的社会保障标准建立了五项基本原则，形成了关于社会保障所有双边和多边协议的支柱。

1. 同等待遇原则

同等待遇原则意味着移民工人应当尽可能地享有与本国国民相同的社会保障权利。1925年，第七届国际劳工大会在《（事故赔偿）同等待遇公约》（第19号公约）首次提出了这个原则，该公约第1条第2款规定："对于外国工人及需其赡养的家属，应保证给予此种同等待遇，在居住方面不得附有任何条件。"③ 第118号公约的覆盖范围涉及社会保障的9个分支。第118号公约第3条第1款规定："对本公约生效的成员国，应就其已接受本公约义务的各类社会保障，在覆盖范围和津贴权利方面，在其领土上，对本公约生效的其他成员国的国民，根据立法，给予与本国国民同等的社

---

① 国际劳工组织. 国际劳工公约与建议书（第二卷）[M]. 北京：国际劳工组织北京局，1994：276-277.

② 国际劳工组织. 国际劳工公约与建议书（第二卷）[M]. 北京：国际劳工组织北京局，1994：301-303.

③ 国际劳工组织. 国际劳工公约与建议书（第一卷）[M]. 北京：国际劳工组织北京局，1994：19.

会保障待遇。"① 此外，第 10 条第 1 款规定："本公约各项规定无须互惠条件适用于难民和无国籍人。"总的来说，第 118 号公约以一种全面的方式解决社会保障同等待遇问题。

2. 维护在国外的既得权利和津贴

维护既得权利和津贴意味着允许移民工人获得从一个国家得到的利益，即使他们离开这个国家。这个原则对于移民工人的社会保障来说是必不可少的，它是确保移民工人真正的同等待遇，而不仅仅是法律上的平等。

第 118 号公约规定，在社会保障某一特定项目方面接受本公约义务的成员国，必须确保对居住在国外的本国国民和在相同社会保障项目方面接受本公约义务的其他成员国的国民，提供津贴，不论受益人居住在何地②。第 157 号公约规定了类似的义务，然而，因为它不允许在批准时排除任何一个社会保障项目，当成员国在社会保障所有项目方面具备现行法规时，必须确保其他成员国的国民享受各项社会保障津贴③。第 118 号和第 157 号公约都规定，这一原则适用于难民和无国籍人，无须任何互惠条件。

3. 维护待得权利

维护待得权利原则意味着享有权利是以完成一个合格期限为条件，同时考虑移民工人在每一个国家完成的期限。

---

① 国际劳工组织. 国际劳工公约与建议书（第一卷）［M］. 北京：国际劳工组织北京局，1994：3.
② 国际劳工组织. 国际劳工公约与建议书（第一卷）［M］. 北京：国际劳工组织北京局，1994：324.
③ 国际劳工组织. 国际劳工公约与建议书（第一卷）［M］. 北京：国际劳工组织北京局，1994：281.

国家立法中的某些规定适用到移民工人时可能会带来特别的困难，这些措施包括有权享有津贴权利的资格条件，这将迫使移民工人在每次改变他们的居住国时，必须完成新的符合领取津贴的资格期限。为了应对这种风险，维护待定权利根据移民工人所居住的各个国家的社会保障立法，把他们完成的几个期限合在一起计算成为可能。第118号和第157号公约的缔约国必须努力参与维护待定权利计划。

4. 行政互助和个人援助

第118号公约规定，缔约国应相互提供无偿行政援助，以利于本公约的实施及其各自社会保障立法的贯彻执行。第157号公约也提供这种援助，原则上是免费提供，但各成员国也可商定偿还部分费用。此外，第157号公约的缔约国必须促进社会服务的发展，协助移民工人与行政管理机构打交道，以便他们能够得到赔偿金、领取福利和行使上诉权，并推动个人和家庭福利①。

（四）第202号建议书——确保人人享有社会保障

2012年《社会保护底线建议书》（第202号建议书）是具有里程碑意义的建议书，旨在扩大基本医疗保健和基本收入保障，以覆盖世界各地的亿万人们。

该建议书在以下两个方面向成员国提供指导：在条件适宜的情况下，建立、完善和实施社会保护底线，将其作为国家社会保障体系中的一个基本要素；在国际劳工组织社会保障标准的指导下，在逐步确保尽可能多的人口享有更高社会保障水平的社会保障扩展战

---

① HUMBLET M, SILVA R. Standards for the XXIst Century: Social Security [M]. Geneva: ILO, 2002: 45.

略范围内，落实社会保护底线①。

成员国应通过国家层面的磋商和有效的社会对话设计和实施国家社会保障扩展战略，国家战略应优先落实国家社会保护底线，并尽快向尽可能多的人口提供更高水平的保护。因此，成员国应逐步建立并且实施与国家政策目标相一致的、全面的和适度的社会保障体系。

二、专项社会保障标准

（一）医疗保健和疾病津贴

医疗保险包括医疗保健和疾病津贴两个方面，医疗保健是对需要进行预防或治疗性医疗的受保护人提供医疗服务。疾病津贴是对国家法规确定的因病不能工作，并导致停发工资的受保护人提供收入保障。

1927 年，国际劳工大会通过了《（工业）医疗保险公约》（第 24 号公约）和《（农业）医疗保险公约》（第 25 号公约）。它们分别规定：在工业和农业企业中实行强制性医疗保险，在工人患病时，应免费提供治疗、药品和器械，并支付现金津贴。1952 年，国际劳工大会通过《社会保障（最低标准）公约》（第 102 号公约），对医疗保健和疾病津贴规定了最低标准。

1969 年，国际劳工大会对第 24 号和第 25 号公约进行了修订，通过了《医疗和疾病津贴公约》（第 130 号公约）和《医疗和疾病

---

① 国际劳工局. 争取社会正义和公平全球化的社会保护底线［R］. 日内瓦：国际劳工组织，2012：4-5.

津贴建议书》（第134号建议书），它们是医疗保险方面的主要国际劳工标准。第130号公约规定了较高的津贴水平，扩大了适用范围；第134号建议书对公约做了补充并规定疾病津贴应适用于所有经济自立人口①。

（二）老年、残疾和遗属津贴

1952年通过的第102号公约为这些津贴规定了最低标准。随着二战后"社会保障"概念的发展，1933年通过的几个文件已经过时②，1967年国际劳工大会对相关的6项公约进行修订，重新通过了《残疾、老年和遗属津贴公约》（第128号公约）和同名的建议书（第131号建议书），这两个文件是当前对残疾人、老年人和遗属实行社会保障的主要国际劳工标准。

第128号公约规定，凡批准该公约的国家，对老年、残疾和遗属三种津贴应当至少先实行其中的一种，并在以后扩展到实行其余种类的津贴。尽管根据本国法规，受保护人并无实行保险的义务。成员国为了实行这三种津贴，可采取实行保险的办法。但这些保险应由公共当局监督，或由雇主和工人共同管理；并能保护收入不超过男性熟练工人收入水平的大部分人员。

第128号公约规定的残疾津贴的最低水平高于第102号公约的有关规定，同时还规定，成员国应设置一些康复服务设施，以使残疾人尽可能恢复工作能力，或是另谋适合其能力和才干的工作；要

① C130-Medical Care and Sickness Benefits Convention, 1969 (No. 130) [EB/OL]. [2013-08-10]. http://www.ilo.org/dyn/normlex/en/f? p=NORMLEXPUB: 12100: 0: NO: 12100: P12100_ INSTRUMENT_ ID: 312275: NO.
② 国际劳工大会. 第93届会议报告七（1）：关于撤销16项建议书的问题 [R]. 日内瓦：国际劳工局，2004：5.

采取一些旨在安排残疾人适当就业的措施①。第 131 号建议书对第 128 号公约中的一些规定，提出了进一步放宽条件的建议，比如残疾津贴所保护的对象，不仅是丧失了从事职业活动工作能力的人，而且包括那些虽仍能从事一些职业活动，但收入微薄的人，等等。

（三）工伤津贴

对于因劳动事故而负伤的工业工人给予补偿，在许多国家早期的劳动立法中就有规定。1934 年以前国际劳工组织通过了 9 个关于工伤和职业病的文件，都已经过时，1964 年国际劳工大会对上述几个公约进行通盘修订，通过了《工伤事故和职业病津贴公约》（第 121 号公约）和同名建议书（第 121 号建议书），它们是到目前为止工伤保险的最新标准。

按照 121 号公约，成员国关于工伤事故和职业病津贴的国家法规，应保护包括合作社在内的公营或私营部门的全体雇员（含学徒工）；在家庭供养人死亡时，也应保护各类受益人。工伤事故或职业病的范围包括病态、因病不能工作并停发工资、全部或部分丧失挣钱能力和由于供养人死亡，造成规定类别的受益人丧失生活来源。公约还规定了待遇的内容和标准②。第 121 号建议书对第 121 号公约中的一些规定提出了更加放宽条件的建议，比如生产性或服

---

① C128-Invalidity, Old-Age and Survivors' Benefits Convention, 1967（No. 128）［EB/OL］. ［2013-08-10］. http：//www. ilo. org/dyn/normlex/en/f？p＝NORMLEXPUB：12100：0：NO：12100：P12100_ INSTRUMENT_ ID：312273：NO.

② C121-Employment Injury Benefits Convention, 1964［Schedule I amended in 1980］（No. 121）［EB/OL］. ［2013-08-10］. http：//www. ilo. org/dyn/normlex/en/f？p＝NORMLEXPUB：12100：0：NO：12100：P12100_ INSTRUMENT_ ID：312266：NO.

务性行业的合作社成员、大学生、志愿人员等可以分阶段或者通过自愿加入保险的办法，把他们纳入适用范围。

（四）失业津贴

最早的关于失业保险的国际劳工标准，是在世界经济危机期间的 1934 年的国际劳工大会上通过的《失业津贴公约》（第 44 号公约）和同名的建议书（第 44 号建议书）。这两个文件规定，批准国应建立强制性或非强制性的失业保险制度，保证对非自愿失业者给予津贴；并对失业保险的适用范围、享受失业保险的条件、保险基金的来源、给付失业保险的期限、失业津贴的最低标准等，都做了全面的规定。第 44 号建议书对上述公约做了更为详细的补充规定。目前，《失业津贴公约》（第 44 号公约）和同名建议书（第 44 号建议书）都已过时。

1952 年，国际劳工大会通过第 102 号公约，在失业津贴标准和计算方法的规定方面，充实了第 44 号公约。此后，许多国家，主要是发达国家，在保护失业者的立法和实践方面有重要进展，对第 102 号公约规定的最低津贴标准提高了不少。虽然如此，第 102 号公约确立的社会保障制度的原则至今仍然有效，它规定的津贴标准仍然是一些发展中国家建立社会保障制度当今要达到的目标。

1988 年，国际劳工大会通过了《促进就业和失业保护公约》（第 168 号公约）和同名的建议书（第 176 号建议书）。这项公约同以往有关失业保险的公约相比较，有一些重要的原则突破：第一，要把对失业者的保护同促进就业的政策联系起来。第二，由于非自愿失业的现象仍然存在，因此，使社会保障制度能为非自愿失业者提供就业援助和经济支持就显得十分重要。第三，各国应采取一切适当措施和步骤，对失业保护和就业政策进行协调。第 176 号建议书对第 168 号公约的内容，特别是失业津贴的支付做了详细的补充。

（五）生育保护

1919 年，第 1 届国际劳工大会通过了《生育保护公约》（第 3 号公约）。该公约规定妇女产假期间发给现金津贴并提供医疗护理，生育津贴不得少于妇女生育前工资收入的三分之二。但公约只适用于工商业受雇妇女，各项规定不够灵活。

1952 年，国际劳工大会对第 3 号公约进行修订，通过了《生育保护公约（修订）》（第 103 号公约）和同名的建议书（第 95 号建议书）。第 103 号公约不是取代第 3 号公约，而是两个公约并存，任凭成员国选择批准或者都批准。这两个公约规定了适用范围、产假时间、产假期间津贴等内容。目前，《生育保护公约（修订）》（第 103 号公约）已经过时。

1952 年以来，全球妇女的劳动参与率急剧提高。同此前相比，不仅有更多的妇女从事工作，而且有更多的妇女在整个生育期内继续被雇用。在过去的半个世纪中，生育保护无论在立法、工作场所的实际做法，以及提高工作妇女的权益方面都取得了进展。尽管如此，各国保护水平的不平衡仍很明显，第 103 号公约并没有在许多国家通过，实际的情况是有些妇女享有较好的津贴待遇，而另一些人则无任何或只有部分保护。

为了进一步促进劳动力中所有妇女平等和母子健康与安全，2000 年，国际劳工大会对 1952 年《生育保护公约（修订）》和同名建议书进行了修订，通过了《生育保护公约》（第 183 号公约）

和同名建议书（第 191 号建议书）。目前，第 103 号公约已经失效，而第 3 号公约的状态为临时性公约，仍继续有效。不过考虑到两个公约的区别，国际劳工组织专家委员会仍建议各国废除第 3 号公约。第 183 号公约最基本的内容包括健康保护、就业妇女享有休产假的权利和获得现金津贴权利，同时，也涉及就业保障和非歧视的问题①。第 191 号建议书对第 183 号公约的规定提出了更加放宽条件的建议，比如成员国应努力将公约第 4 条提到的产假期限延长至少 18 周，等等。

第三节　国际社会保障标准的影响

一、国际社会保障标准对区域人权公约的影响

欧洲委员会的一部主要的人权文书就是《欧洲社会宪章》，它参考第 102 号公约，建立了欧洲国家必须提供的最低水平的社会保障。《欧洲社会宪章》第 12 条要求缔约方维持一定水平的社会保障，"至少要与国际劳工公约第 102 号公约中关于社会保障最低标准的要求相同"。

第 102 号公约也充当了区域社会保障文书的典范。例如，《欧洲社会保障法典》是在欧洲委员会的支持下通过的，它建立在第 102 号公约的基础之上，成为欧洲主要的社会保障条约。而且，还

---

① 林燕玲. 国际劳动标准 [M]. 北京：中国工人出版社，2002：251-252.

有一份草案作为补充，设置了比《欧洲社会保障法典》所要求的更高标准，并且是按照国际劳工组织社会保障更高标准制定的。两部文书都是在国际劳工组织公约和建议书应用专家委员会的监督下制定的，以避免两部文书中相同的规定有不同的解释。除了爱沙尼亚，欧洲所有通过《欧洲社会保障法典》的国家也都通过了第102号公约。值得注意的是，通过第102号公约的欧洲国家要比通过《欧洲社会保障法典》的国家多。

有关经济一体化的特定地区通过的几部社会保障文书也包括了对第102号公约的专门引用，例如《加勒比共同体社会保障协议》和《南部非洲发展共同体社会保障法典》。本着同样的精神，许多区域文书的规定参照了第102号公约制定的9项社会保障津贴（如《圣萨尔瓦多草案》）。此外，许多非洲国家的政府政策文件包含了对第102号公约的参考。

总之，第102号公约是区域人权文书和社会保障文书确定社会保障权利内容的主要参考。同样，为了实现这些文书中的社会保障权利，它已经并将继续在确定缔约国必须遵守的义务方面发挥重要作用。尽管社会保障的概念不断变化，第102号公约仍然为区域和国际范围内的社会保障体系提供了一个普遍接受的标准框架①。

二、社会保障标准对国家社会保障体系的影响

国际社会保障标准的历史与社会保障的全球发展有着内在的联

---

① ILO. Setting social security standards in a global society: An analysis of present state and practice and of future options for global social security standard setting in the International Labour Organization [M]. Geneva: ILO, 2008: 15.

系，这些标准为建立社会保障制度提供了基本框架。2003 年，适逢第 102 号公约建立 50 周年，关于实施公约和建议书的专家委员会指出第 102 号公约已经对世界各地社会保障的发展具有重要的影响，并且它被认为体现了国际认可的社会保障根本原则。

截至 2022 年底，第 102 号公约已经由国际劳工组织 63 个成员国批准①。还有一些国家也表示目前正在讨论批准该公约，一些国家也请求国际劳工组织提供帮助，以批准第 102 号公约（如保加利亚、立陶宛、摩尔多瓦共和国和蒙古），或对批准该公约及社会保障更高标准方面表示出浓厚的兴趣（如韩国）。这些公约，尤其是第 102 号公约不能只通过批准的数量来评价。在社会保障领域，国际劳工组织在世界范围内进行的技术合作活动就是建立在第 102 号公约基础之上。因此，在起草社会保障法律时，即使没有批准该公约，许多国家依然将第 102 号公约考虑进去（如拉脱维亚和黎巴嫩），以便使他们国家的新法律更符合该公约。所以几乎所有的欧洲国家以及许多拉美和加勒比海国家都遵从了第 102 号公约设定的模式并且达到了更高标准。国际社会保障标准已经对一些北非国家，如突尼斯和摩洛哥，以及亚洲国家，如日本和韩国的社会保障制度的发展产生很大的影响②。

第 102 号公约不仅影响发达国家的社会保障制度，而且，也影响到欠发达国家正规社会保障制度的发展。事实上，在 44 个非洲

---

① Ratifications of C102 – Social Security（Minimum Standards）Convention, 1952（No. 102）［EB/OL］.［2022 – 11 – 30］. http：//www. ilo. org/dyn/normlex/en/f? p = 1000：11300：0：NO：11300：P11300_ INSTRUMENT_ ID：312247.

② ILO. Setting social security standards in a global society：An analysis of present state and practice and of future options for global social security standard setting in the International Labour Organization［M］. Geneva：ILO, 2008：16.

国家中，超过 30 个国家已经仿效第 102 号公约建立了养老金制度。然而，这些国家正规社会保障制度只覆盖一小部分人群，所以该公约在这些国家的关联性较小。虽然如此，该公约仍然是他们的发展目标，因为它为社会保障水平和社会保障原则设定了长期目标。

如前所述，公约和建议书应用专家委员会负责监管、批准社会保障公约的成员国在国家法律和惯例中应用和执行标准的情况。大多数批准国按照公约和建议书应用专家委员会的建议，使国家法律和惯例符合公约要求。在这方面，国际劳工组织往往需要对批准国提供技术援助，以确保在国家层面更好地应用和执行社会保障标准（例如 2006 年在丹麦和爱尔兰，2007 年在荷兰，2008 年在德国）。

总的来说，自第 102 号公约通过以来，它已经并将继续对世界范围内的正规社会保障制度的设计和发展产生深远的影响。虽然第 102 号公约在发展中国家的实际影响不如在发达国家那么大，但是它仍然是全球社会保障制度建立和改革的参考以及象征。国际经验表明，国际劳工组织社会保障公约是防止世界社会保障制度体系退步的手段，因为这些标准是评估是否达到其要求的基准，它们有助于建立世界范围内公平竞争的社会环境。

第四章

国际社会保障标准对社会保障权
保护面临的挑战

联合国和国际劳工组织通过的国际文件承认人人有权享有社会保障。几十年过去了，世界经济、社会和政治背景以及主流经济学都发生了极其深刻的变化，在全球化的背景下，国际社会保障标准对社会保障权保护面临多重挑战。

本章重点论述影响社会保障权保护的背景的变化，以及发展中国家面临的社会保障覆盖面不足、社会保障私有化、社会保障公约批约率较低等方面的挑战。

第一节　社会保障权保护的国际背景发生巨大变化

第二次世界大战后的 20 多年里，国际社会通过大量的确认社会保障权的国际文件。自 20 世纪 70 年代以来，国际社会的经济、社会和政治背景以及主流经济学发生重大变化。

一、不断变化的背景

自 20 世纪 70 年代以来，在大多数国家，随着经济的不断繁荣发展，人口、家庭结构和劳动力市场也在发生变化，这些变化对社会保障的发展产生了不利影响。首先，在世界大部分地区，由于出生率下降和人均预期寿命的增加，人口迅速老龄化，人口老龄化带来老年抚养比的上升，对养老金计划带来长期的影响。其次，工业化国家随着离婚率、非婚生孩子和单亲家庭的增加，家庭结构和婚姻模式也发生变化，导致更多的以单身母亲为主的家庭陷入贫困。这些趋势也在一定程度上影响了发展中国家。再者，劳动力市场发生了许多变化。目前，有 1/3 的世界劳动力要么失业[1]，或者就业不足。自 20 世纪 70 年代中期以来，发达经济体的失业率增加了一倍多[2]，许多发展中国家失业率也在攀升。失业率的增加低估了许多问题，因为它没有考虑到最终放弃寻找工作许多工人，他们暂时或永久地离开劳动力市场。在大多数国家，特别是那些经济转型国家，低失业率掩盖了这样的事实：大量的工人和企业保持联系，但做很少工作或什么也不做，因而无法获得工资。在大多数国家，青年失业率比成年率要高出两到三倍[3]。对于失业的年轻人和长期失业者，社会保障津贴是非常低的甚至是不存在的。此外，就业结构

---

① ILO. World Labour Report 2000: Income security and social protection in a changing world [M]. Geneva: ILO, 2000: 4.

② ILO. World Labour Report 2000: Income security and social protection in a changing world [M]. Geneva: ILO, 2000: 4.

③ ILO. World Labour Report 2000: Income security and social protection in a changing world [M]. Geneva: ILO, 2000: 4.

也发生了变化，随着非正规经济的发展，大量的工人从事非正规就业，某些其他形式的就业也在增加，如非全日制就业、临时就业、短期就业、在家工作和远程工作。最后，在过去几十年里，艾滋病在全球流行，特别是撒哈拉以南非洲的情况更加严峻，这对健康保健也带来新的难题①。

全球化对社会保障带来了重大影响。在全球化层面，这个时代经历了全球市场经济的扩张。近年来，人们发现在贸易占国内生产总值中的份额不断增加和社会保障支出减少之间存在一些相关性，这表明，全球化可能会使国家资助社会保障变得更加困难。资本流动性的增加使得对资本征税更加困难②。

总的来说，在过去 50 多年里，随着经济、社会和政治背景发生深刻的变化，新的不安全和不确定形式不断产生，这使全球人们的不安全感日益增加。

二、主流经济学理论发生转变

在这个时期，主流经济学家方面的理论发生转变，即从经济和社会目标相互加强的凯恩斯主义转向新自由主义。主流经济学理论的转变与世界经济、社会和政治转变同时发生，并强烈影响上述转变。在新自由主义理论中，社会保障支出往往被认为是与经济目标相冲突。新自由主义理论对社会保障领域产生了重大影响，这方面

---

① RIEDEL EIBE. Social security as a human right：drafting a general comment on article 9 ICESCR-some challengers ［M］. Berlin：Springer, 2007：2.

② ILO. A Fair Globalization：Creating opportunities for all ［M］. Geneva：ILO, 2004：24-29.

的建议包括降低税收和社会保障缴费，通过促进私人计划，缩小国家在社会保障中的整体作用，并培养个人责任。新自由主义理论对全球的经济社会发展产生了巨大影响力，并推动了社会保障私有化改革。

第二节 发展中国家的社会保障覆盖面不足

国际社会保障标准的最终目标是实现人人享有社会保障，中期目标是向尽可能多的人员提供全面保护，短期目标是为所有人至少提供一种基本的保护水平。人们享有由国际劳工组织扩展的实践性定义规定的十个组成部分确保的保护，并且津贴至少达到 1952 年《社会保障（最低标准）公约》（第 102 号公约）规定的最低水平，被认为是享有全面的社会保障保护。那些在生命周期的各个阶段只享有一项基本水平的收入保障（确保收入在贫困线水平及以上）以及获得基本的医疗服务被认为是从基本的社会保障（社会保护底线）中获益。那些从十个社会保障组成部分中的一些项目中获得津贴，这些项目提供的保护在全面保护和基本保护之间，被认为是享有部分基本保护或部分全面保护①。目前，全球社会保障面临的最重要的挑战是社会保障覆盖面不足，一方面，超过一半以上的世界人口（工人和他们的家属）被排除在任何类型的社会保障保护之外，社会保障人口覆盖率不高，特别是大量的非正规就业者被排除

---

① ILO. World Social Security Report 2010/11: Providing coverage in times of crisis and beyond [M]. Geneva: ILO, 2010: 18.

在社会保障覆盖之外。另一方面，社会保障体系不健全，社会保障覆盖范围不足。

一、非正规部门社会保障覆盖面不足

国际劳工组织和联合国通过的国际文件承认人人有权享有社会保障。但是，较低的社会保障人口覆盖率反映了各国政府和国际社会在履行经济、社会与文化权利国际公约第9条规定的义务失败[①]。目前，全球社会保障面临的最重要的挑战是社会保障覆盖面不足，即超过一半以上的世界人口（工人和他们的家属）被排除在任何类型的社会保障保护之外，他们既不被缴费的基本社会保险计划所涵盖，也不被由税收资助的社会福利计划所覆盖。在区域之间和区域内部差异巨大。在非洲，尽管在扩展社会保障方面取得了显著进展，但仅有17.8%的人口受到至少一种社会保障津贴的覆盖。其中，南非覆盖率达48%，一些西非国家覆盖率还不足10%[②]。在美洲，67.6%的人口受到至少一种社会保障津贴的覆盖。在亚太地区，近年来社会保障的覆盖扩面大有提速，但仅有38.9%的人口受到至少一种社会保障津贴的覆盖。在欧洲和中亚地区，社会保障的总体有效覆盖率较高，达到总人口的84.1%[③]。

[①] RIEDEL EIBE. Social security as a human right：drafting a general comment on article 9 ICESCR-some challengers［M］. Berlin：Springer, 2007：17.

[②] 国际劳工组织. 世界社会保障报告（2017—2019）：全民社会保护以实现可持续发展目标［M］. 华颖，等译校. 北京：中国劳动社会保障出版社，2019：146, 167, 192, 207.

[③] 国际劳工组织. 世界社会保障报告（2017—2019）：全民社会保护以实现可持续发展目标［M］. 华颖，等译校. 北京：中国劳动社会保障出版社，2019：146, 167, 192, 207.

现代社会保障制度是人类进入工业化社会以后为应对工业化劳资关系的冲突并缓解社会危机而设计的。缴费型社会保险和其他法定社会保障计划的主要受益人是在正规部门就业、有稳定的劳动关系和拥有正式工资或薪水的劳动者。因此，社会保障制度的覆盖率与上述劳动者在整个就业人口中的百分比有关。

目前，在全球范围内，超过 25% 的全球劳动年龄人口在正规经济或非正规经济部门就业，其中，不到一半的就业者是拥有工资或薪水合同的雇员。在发达经济体，近 85% 的就业者是有固定报酬的工人，这个比例在其他地区是不同的：在南亚和撒哈拉以南非洲大约为 20%，在东南亚和太平洋地区不到 40%，在东亚地区略高于 40%，在北非、中东、拉丁美洲和加勒比地区大约为 60%（表 4-1）①。

表 4-1　2008 年全球劳动力市场中的雇员（有固定报酬的工人）情况（%）

	总计		男子		妇女	
	就业 = 100	劳动适龄 人口 = 100	就业 = 100	劳动适龄 人口 = 100	就业 = 100	劳动适龄 人口 = 100
南亚	20.8	9.7	23.4	15.6	14.6	3.5
撒哈拉以南非洲	22.9	13.8	29.2	20.5	14.4	7.4
东南亚及太平洋地区	38.8	21.9	41.5	28.6	35.0	15.1
东亚	42.6	23.3	46.0	28.9	38.3	17.6
北非	58.3	24.4	58.8	38.5	56.7	10.5
中东	61.5	29.0	64.4	41.6	53.5	15.0

---

① ILO, World Social Security Report 2010/11: Providing coverage in times of crisis and be-
yond [M]. Geneva: ILO, 2010: 23.

	总计		男子		妇女	
	就业 =100	劳动适龄 人口=100	就业 =100	劳动适龄 人口=100	就业 =100	劳动适龄 人口=100
拉美与加勒比地区	62.7	38.6	60.6	46.1	65.8	31.8
中欧和东南欧 （非欧盟）和独联体	76.6	41.5	75.4	48.0	78.0	35.7
发达经济体	84.3	46.6	81.7	51.8	87.5	41.6
世界	46.9	26.5	47.4	33.0	46.0	20.1

资料来源：ILO. World Social Security Report 2010/11：Providing coverage in times of crisis and beyond. Geneva：International Labour Office，2010：24.

从表4-1可以看出，在发达经济体中有固定报酬的雇员所占比例较高，社会保障覆盖率也较高，而南亚和撒哈拉以南非洲地区，有固定报酬的雇员所占比例较低，社会保障覆盖率也较低。

在发展中国家，人们希望随着经济的发展，有固定报酬的雇员所占比例会不断提高，社会保障覆盖面将逐步扩大。然而，这一期望已证明是不符合现实的。在上述就业群体中，并不是所有的就业人员都是正规就业，并享有法定的社会保障。在过去20多年内，在许多发展中国家，特别是拉丁美洲和非洲国家，创造的工作机会大多是在非正规经济中①。

1972年，国际劳工组织在考察非洲肯尼亚时，指出肯尼亚的问

---

① ILO. Decent Work and the Informal Economy［R］. Geneva：ILO，2002：30.

题不是失业率很高，而是存在大量的劳动者在非正规部门就业。这
是国际劳工组织第一次提出"非正规部门"概念，并描述了在非正
规部门工作的穷人，即他们工作非常艰苦，收入低，没有得到公共
部门承认、登记、保护或管理①。

非正规就业是一个普遍的现象，因此，非正规经济不能被认为
是一个部门，它存在于所有部门中。非正规就业包括非正规企业中
的自雇就业和非正规工作中的有酬就业。此外，在非正规就业中，
妇女一般超过男子（南非除外），在发展中国家，60%以上的妇女
从事非正规就业②。

目前，非正规就业日益增长造成社会保障覆盖率的停滞或甚至
下降。2005 年，在拉丁美洲，非正规部门就业人数占非农业就业人
数的 64.1%。其中，78% 的工人在非正规部门就业，只有 22% 的工
人在正规经济部门就业。获得社会保障保护通常取决于正式的劳动
关系，主要是通过书面劳动合同。2005 年，大约 37.7% 的工人没有
劳动合同，其中，68% 在非正规部门就业，26% 在正规部门就业。
对有无书面合同的工人来说，社会保障覆盖面的差异是巨大的，这
与他们是否在正规或非正规部门就业是相关的。平均而言，在正规
部门大约有 28.7% 的无合同工人可以获得社会保障，而拥有合同工
人享有社会保障的比例为 84.8%。在非正规部门中，仅有 10% 的无
合同工人享有社会保障，而有合同工人享有社会保障的比例

---

① ILO. Employment, incomes and equality: A strategy for increasing productive employment in Kenya [M]. Geneva: ILO, 1972: 20.

② RIEDEL EIBE. Social security as a human right: drafting a general comment on article 9 ICESCR-some challengers [M]. Berlin: Springer, 2007: 11.

为 50.4%①。

总的来说，成功的经济发展并不能自动地确保人们的福祉和社会的发展，缺乏社会保障覆盖的地方往往是最需要社会保障保护的。这要求重新思考以经济发展为基础的发展模式，把在非正规部门就业的那些人纳入社会保障制度，保护他们的社会保障权。

二、国家法定社会保障体系不健全

全球几乎所有的国家都拥有某种水平的社会保障，但只有少数国家拥有所有的社会保障项目。在全球范围内，大约只有 28% 的人口享有综合性的社会保障体系，即被国际劳工组织第 102 号公约所界定的社会保障九个项目所覆盖。考虑到那些非经济活动人口，估计大约 20% 的世界劳动年龄人口（及其家属）能够获得有效全面的社会保障②。

世界各国的社会保障措施是不同的，通过立法规定社会保障覆盖水平以及实现程度和类型有显著差异。图 4-1 显示了世界各地社会保障制度的法定覆盖范围。可以看出，特别是在亚洲、非洲和拉丁美洲的部分地区，社会保障的法定适用范围有很大的差距。

---

① ILO. Extending social security to all: A guide through challenges and options [M]. Geneva: ILO, 2010: 67.

② ILO. World Social Security Report 2010/11: Providing coverage in times of crisis and beyond [M]. Geneva: ILO, 2010: 28.

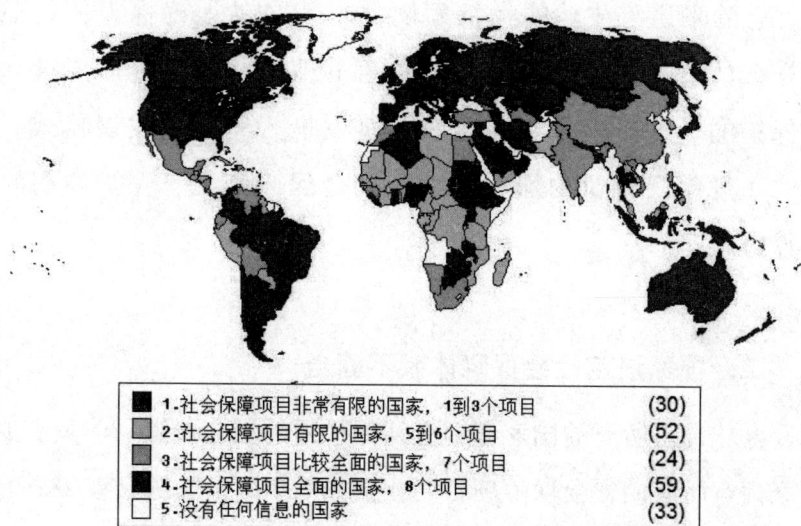

图4-2 2008—2009年，法定社会保障计划覆盖的社会保障项目情况

资料来源：ILO. World Social Security Report 2010/11：Providing coverage in times of crisis and beyond，Geneva，2010：29.

因此，对于一些中等收入国家和低收入国家，工作重点是扩展法定覆盖面以及健全现行的社会保障制度。

第三节 社会保障私有化的挑战

20世纪80年代，新自由主义经济思想在拉丁美洲广为传播，在拉美地区，大力推行经济私有化政策。智利率先在社会保障制度私有化方面进行了大胆改革探索，并掀起了全球范围的改革浪潮。

南美的 7 个国家相继进行了养老金计划的激进式改革。世界银行和国际货币基金组织因促成了许多发展中国家社会保障的结构调整而增强了其影响力①。在新自由主义政策的背景下，国际劳工组织社会保障标准对社会保障权的保护面临着重大挑战。

一、国际劳工组织在社会保障中主导地位受到影响

在第二次世界大战后的几十年，由于人口数量的变化和预期寿命的延长，养老金占用了大部分社会开支。自 20 世纪 80 年代以来，为了确保养老金制度的财政可持续性，大多数国家对养老金制度进行了改革。

智利受芝加哥训练有素的自由主义经济学家的启发，建立了养老金制度新模式。这个模式的特点是养老金制度的个人化和私有化，它建立在一个强制性个人储蓄计划基础之上，雇主不进行缴费，劳动者退休时领取的养老金取决于个人缴费的数额和投资回报。新的金融机构为了这些私人账户而相互竞争，并负责基金的投资。国家在这种模式中发挥很小的作用，除了从整体上进行管理，国家主要为那些无法达到的最低养老金的人们提供所谓的家计调查养老金。这种模式以一定的意识形态和公共财政为理论依据，在意识形态方面，它把社会团结降低到最低程度，而增加个人责任和严重依赖市场机制；在公共财政方面，它消除了社会保障制度的赤字

---

① ［英］迪肯，［英］赫尔斯，［英］斯塔布斯. 全球社会政策：国际组织与未来福利［M］. 苗正民，译. 北京：商务印书馆，2013：119.

问题①。

　　智利的模式显然与国际劳工组织的方法不相符合，国际劳工组织支持参量式改革思路，通过改革现存的养老金制度，例如通过提高退休年龄、提供不太优厚的福利待遇和减少行政开支，以应对不断上升的成本。

　　世界银行要求进行结构性改革，1994 年，世界银行设计了三支柱养老金新模式②，这种模式主要是以智利养老金制度为横板。在这个三支柱模式中，国家基本上充当一个剩余角色，团结的范围受到限制（局限于第一支柱），广泛地依靠强制性私人管理计划（第二支柱），特别强调个人储蓄账户（第三支柱）。新的社会保障模式已经在拉丁美洲和中东欧地区的几个国家实施。2005 年，世界银行将三支柱扩展为五支柱模式，重要的差别在于增加了一个基本的非缴费型部分（零支柱），以消除老年人贫困③。还有一个第四支柱，即非正规保障形式，包括家庭赡养、医疗服务和住房政策等更为广泛的社会政策。在养老金改革中，世界银行发挥了国际领先作用，而国际劳工组织在社会保障领域曾经是权威的国际机构，由于在帮助国家建立新的养老金计划时影响不大，显得黯

①　RODGERS GERRY, LEE EDDY, SWEPSTON LEE, et al. The International Labour Organization and the quest for social justice, 1919-2009 [M]. Geneva: ILO, 2009: 161.

②　JAMES ESTELLE. A Defense of Averting the Old Age Crisis: Protecting the Old and Promoting Growth [A]. The World Bank, Policy Research Department, Poverty and Human Resources Division, 1996: 5.

③　[奥] 霍尔茨曼，[美] 欣茨，等. 21 世纪的老年收入保障：养老金制度改革国际比较 [M].郑秉文，等译. 北京：中国劳动社会保障出版社，2005: 97.

然失色①。

二、社会保障权的主要原则和目标受到忽视

养老金私有化的表现形式为由现收现付制向基金积累制转变，即养老保险制度从待遇确定型（Defined Benefit，简称 DB）计划转向缴费确定型（Defined Contribution，简称 DC）计划，养老金数额取决于人们的缴费和养老保险基金的投资收益。以个人储蓄为基础的养老金计划把大多数不稳定就业的低收入工人排除在制度之外，这与《经济、社会和文化权利国际公约》以及国际劳工组织公约规定的社会保障权是不一致的，而社会保障权是普遍性、综合性和以团结原则为基础的。世界银行的养老金制度方法把社会保障目标限制在消除贫困和平缓消费方面。这意味着忽视了先前所认为的必不可少的社会保障其他目标（国际劳工组织仍然认为是至关重要的），即包括防止人们在市场经济中生活的不确定性、实施正义的原则（即再分配和性别平等）、加强社会融合、促进社会包容和民主。此外，世界银行和新古典思想对社会保障问题的影响带来了金融机构（银行、保险公司和养老金企业）的出现，它们作为社会保障领域新机构，拥有非常大的权力和影响力，并构成一个主要的利益群体②。

---

① RIEDEL EIBE. Social security as a human right：drafting a general comment on article 9 ICESCR-some challengers [M]. Berlin：Springer, 2007：4.

② RIEDEL EIBE. Social security as a human right：drafting a general comment on article 9 ICESCR-some challengers [M]. Berlin：Springer, 2007：5.

第四节 国际社会保障标准的实施具有局限性

国际社会保障标准为全球社会保障的发展提供了一个规范性框架,但现行的社会保障标准在保护社会保障权的效果方面往往受到质疑,原因之一在于社会保障标准的实施具有一定的局限性。

一、社会保障标准批准率不高

从 1919 年第 1 届国际劳工大会到 2022 年第 110 届国际劳工大会,国际劳工组织一共通过了 190 项国际劳工公约和 206 项建议书,其中社会保障标准包括 26 项公约和 21 项建议书①。目前,时新的社会保障标准包括 8 项公约和 9 项建议书。对于国际劳工公约,经国际劳工大会通过后,需要提交成员国批准,公约一经批准,成员国必须遵守和执行。而建议书则是提供成员国制定法律和采取其他措施时的参考,不需要成员国批准,因而没有必须遵守和执行的义务。对一个公约批准与否,完全由成员国自主决定。目前,国际劳工组织有 187 个成员国,批准时新的社会保障公约的国家还不太多,具体情况如下(见表 4-4)。

---

① Conventions [EB/OL]. https://www. ilo. org/dyn/normlex/en/f? p = 1000;12000;
10445337183348;:;: P12000_ INSTRUMENT_ SORT:4.

表 4-4　社会保障公约的批准数量的情况

公约名称	批准公约的国家
1952 年《社会保障（最低标准）公约》（第 102 号公约）	63
1962 年《（社会保障）同等待遇公约》（第 118 号公约）	38
1964 年《工伤事故和职业病津贴公约》（第 121 号公约）	24
1967 年《残疾、老年和遗属津贴公约》（第 128 号公约）	17
1982 年《维护社会保障权利公约》（第 157 号公约）	4
1969 年《医疗和疾病津贴公约》（第 130 号公约）	16
1988 年《促进就业和失业保护公约》（第 168 号公约）	8
2000 年《生育保护公约（修订）》（第 183 号公约）	43

资料来源：作者根据国际劳工组织网站上的资料进行整理。

https：//www. ilo. org/dyn/normlex/en/f？p＝1000：12000：NO：：，2022-11-20.

总的来说，在 8 项时新公约中，批准第 102 号公约的国家数量最多，达到 63 个，大约占到成员国总数的三分之一，接着是第 183 号公约和第 118 号公约，批约的国家分别为 43 个和 38 个。第 121 号公约、第 128 号公约和第 130 号公约的批约国家相对较少，分别为 24 个、17 和 16 个，批准第 157 号公约、第 168 号公约的国家极少，分别是 4 个和 8 个。对于绝大多数公约来说，如果成员国没有批准，除了要它们定期报告不能批准的障碍外，没有任何强制办法加以干预。由于社会保障公约的批约率不是很高，这影响了社会保障公约的实施和影响力。

二、批准国际劳工组织社会保障公约的国家地理分布情况

截止到 2022 年 11 月，在批准社会保障公约的国家中，欧洲国

家最多（113 个），其次是美洲国家（49 个），再次是非洲国家（39 个），亚洲及太平洋地区（7 个）和阿拉伯国家（6 个）较低（见表 4-5）。

表 4-5　按区域统计批准社会保障公约的国家数量情况

公约号	非洲	阿拉伯国家	亚洲及太平洋地区	欧洲	美洲
第 102 号	13	2	2	32	15
第 118 号	11	4	3	10	10
第 121 号	4	0	1	14	6
第 128 号	1	0	0	11	5
第 130 号	1	0	0	9	5
第 157 号	0	0	1	3	0
第 168 号	0	0	0	7	1
第 183 号	9	0	0	27	7

资料来源：作者根据国际劳工组织网站上的资料进行整理。

https：//www. ilo. org/dyn/normlex/en/f? p = 1000：12000：：：NO：：：, 2022 - 11-20.

从表 4-5 可以看出，经济发展水平是批准公约的基础，大多数欧洲国家经济发展水平较高，批准公约也比较多。可是，非洲批准的社会保障公约比亚洲及太平洋地区和阿拉伯国家都要多，这是因为非洲长期的殖民历史和西方化的政治体制等促使各国对劳工保护较为重视，劳工权益保护的法律制度比较健全①。从非洲发展实际来看，"低发展水平，高员工福利"将对经济可持续发展造成一定

---

① 唐丽霞，赵文杰. 投资非洲要重视劳工权益保护 [J]. 中国投资（中英文），2020 (Z8)：100.

的负面影响。一个国家的社会保障制度应当与该国的经济、社会发展水平相适应，才能实现可持续发展。

三、社会保障标准内容存在不足

（一）社会保障标准中的相关内容已不符合社会现状

第102号公约作为国际劳工组织社会保障标准的旗舰公约，它以20世纪50年代典型的西欧社会为基础。在当时的西欧社会，大多数工人受雇于工厂，并拥有稳定的劳动关系。另外，在家庭关系中，丈夫在外挣钱是家庭的收入来源，妻子在家照顾孩子。在这种模式中，"标准受益人"被定义为"男子及其妻子和两个孩子"，其中，男子是一位熟练的体力工人，或者是一位普通的成年劳动力。津贴就是在这个基础上进行计算的①。

这种模式是西欧国家在20世纪50年代社会保障发展的真实写照，它以典型的工业社会为基础。目前，该模式既不能适应步入后工业化社会的发达国家的需求，也不能适应发展中国家的需求。在发达国家，以男子养家糊口的家庭模式不符合现实情况，对遗属津贴的规定仅限于妇女，不包括男子，在国家层面和国际层面一直被认为是性别歧视。对于真正需要解决的问题，例如，如何建立一个稳定的社会保障融资机制，在老年人和年轻人的利益之间寻找一个平衡，以应对人口老龄化以及艾滋病的盛行，第102号公约并没有给出答案。当前，对于大多数发展中国家来说，越来越多的人们从

---

① RIEDEL EIBE. Social security as a human right：drafting a general comment on article 9 ICESCR – some challengers ［M］. Berlin：Springer, 2007：108.

事非正规就业，第 102 号公约提供的模式也是不符合现实情况的①。

（二）批约国家对公约的保留条款较多

第 102 号公约已由 63 个国家批准，即由三分之一的国际劳工组织成员国批准，仅有 6 个国家完全批准这项公约②。大多数成员国选择公约的部分条款，逐步接受公约越来越多条款的理想并没有实现。由于对公约的保留条款较多，在一定程度上削弱了公约的整体效力、一致性和适用性。

（三）社会保障公约监督机制存在一定的局限性

国际劳工组织制定了一系列程序，对成员国遵守国际劳工标准情况进行监督。监督程序可分为一般监督程序和特殊监督程序，监督程序总体上来说又有三种形式：一是政府提交的报告，这可以视为成员国的自我监督；二是工人组织或者雇主组织、其他成员国对某个成员国提出的申诉和控诉，这可以视为社会伙伴之间及成员国之间的相互监督；三是国际劳工组织设立的有关委员会对成员国的审查和监督③。

社会保障公约作为一般标准，对其监督采取一般监督程序。国际劳工组织在保证其公约得到遵守方面比联合国好得多，但作为一个国际性的政府间组织，它也有一定的局限性。首先，公约的批准是自愿的。其次，尽管投诉程序和调查的可能性使国际劳工组织的

---

① RIEDEL EIBE. Social security as a human right：drafting a general comment on article 9 ICESCR – some challengers［M］. Berlin：Springer，2007：110.

② Ratifications of C102 – Social Security（Minimum Standards）Convention，1952（No. 102）［EB/OL］．［2022-11-20］. https：//www. ilo. org/dyn/normlex/en/f？p = 1000：11300：P11300_ INSTRUMENT_ SORT：1.

③ 刘旭. 国际劳工标准概述［M］. 北京：中国劳动社会保障出版社，2003：25-26.

公约有了一定的执行能力，但遵守执行还是自愿的，因此，在很大程度上这是说服力的问题。原则上，国际劳工组织可以对违约国采取制裁措施，但实际上从未运用过①。

---

① ［加拿大］米什拉. 社会政策与福利政策——全球化的视角 [M]. 郑秉文，译. 北京：中国劳动社会保障出版社，2007：122.

第五章

国际社会保障标准对社会保障权保护的
发展趋势

第一节　国际劳工组织在社会保障领域的政策方向

社会保障是一项人权，同时也是体面劳动目标的关键组成部分。在全球化背景下，为了应对社会保障面临的各种挑战和满足人们的社会保障需求，国际劳工组织在社会保障领域的未来政策方向为：扩大社会保障覆盖面双层面战略、倡导国家主导的养老金制度改革、确保社会保障政策与经济政策的一致性。

一、扩大社会保障覆盖面的双层面战略

2009 年 9 月，国际劳工组织在日内瓦举行了扩大社会保障覆盖面战略三方专家会议，批准了一项关于人人享有社会保障全球行动双层面战略①。2010 年 10 月，国际劳工组织在喀麦隆首都雅温得举行第二次非洲体面劳动问题研讨会，主题为"通过全球就业契

---

① 国际劳工组织. 争取社会正义和公平全球化的社会保护底线［R］. 日内瓦：国际劳工局，2011：124.

约，建立社会保障底线"。与会的 47 个非洲国家的政府代表，以及 26 名雇主代表和 26 名工人代表作出承诺，确认了二维扩展战略对于那些社会保障覆盖面十分有限的国家来说是适宜的①。

扩大社会保障的二维战略，也就是从"横向"和"纵向"两个维度扩大覆盖面。第一个维度是将基本水平的收入保障和获取卫生保健扩展到所有人，这一维度可称为"横向扩展"。第二个维度是寻求提供更高水平的收入保障和获取更高质量的卫生保健，也就是说，当人们面对生命中重大不测时，如失业、生病、残疾、丧失供养人和年老，保护人们达到一定水平的生活水准，这一维度可称为"纵向扩展"②。扩大社会保障覆盖面的二维战略框架如图 5-1 所示。在该图中，水平维度旨在将基本水平的核心津贴尽可能快地扩展到尽可能多的人群，而垂直维度旨在使津贴的覆盖范围达到第 102 号公约规定的水平和其他时新社会保障公约规定的更高水平③。

---

① 国际劳工组织. 争取社会正义和公平全球化的社会护底线 [R]. 日内瓦：国际劳工局，2011：124.

② ILO. Extending social security to all：A guide through challenges and options [M]. Geneva：ILO, 2010：23.

③ ILO. Extending social security to all：A guide through challenges and options [M]. Geneva：ILO, 2010：23.

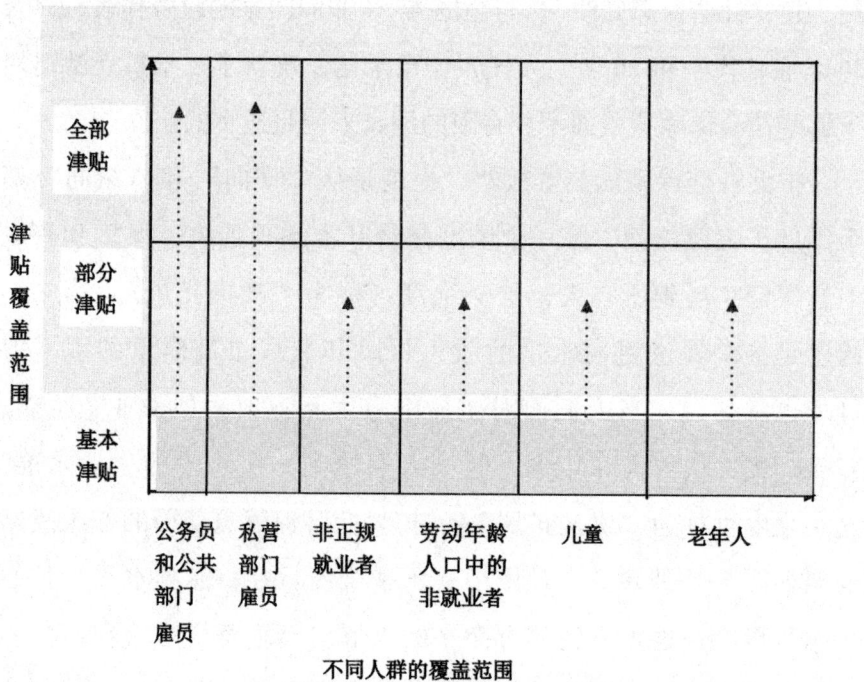

图5-1　对不同人群扩大社会保障覆盖面的战略框架原理图

资料来源：ILO：*Extending social security to all：A guide through challenges and options*，2010：23.

http：//www. ilo. org/global/publications/books/WCMS_ 124454/lang－－en/index. htm. 2013-09-20.

（一）横向维度：建立社会保障底线

2012年6月，国际劳工大会在第102届会议上，通过了2012年《社会保护底线建议书》（第202号建议书），该建议书"在以下方面向成员国提供指导：凡适宜时，建立、完善和实施社会保护底线，将其作为国家社会保障体系中的一个基本要素；并且在国际劳工组织社会保障标准的指导下，在逐步确保尽可能多的人口享有更高社会保障水平的社保扩展战略范围内落实社会保护底线"①。社会保护底线至少应包括以下基本的社会保障保证：（1）面向全民提供由国家规定的基本医疗保健，包括生育保健在内的整套物品和服务，符合可获取、可使用、可接受和高质量等诸项标准；（2）面向所有儿童提供基本收入保障，包括向儿童提供营养、教育、照护和其他必要的物品和服务，并且确保在国家规定的最低水平之上；（3）面向处于就业年龄阶段而无法获得足够收入的社会成员提供基本收入保障，特别是那些处于疾病、失业、生育和残疾情况下的人员，并且确保在国家规定的最低水平之上；（4）面向所有老年人提供基本收入保障，并且确保在国家规定的最低水平之上②。

社会保护底线是一项面向弱势群体以及被排斥群体，尤其是处在非正规经济中的就业者实现横向覆盖扩展的关键战略方法。在短期内，财政能力有限的国家无法提供国际社会保障标准中所规定的福利水平以及风险范围的综合性社会保障保护，成员国应按照现行的国际义务，至少向国家法律法规所规定的所有居民和儿童提供本建议书中提及的基本社会保障保证。

（二）纵向维度：提供更高水平的保护

社会保障不能停留在社会保护底线，随着国家财政能力的增

---

① R202-Social Protection Floors Recommendation, 2012（No. 202）［EB/OL］.［2013-08-08］. http：//www. ilo. org/dyn/normlex/en/f? p = NORMLEXPUB：12100；0：NO：12100；P12100_ INSTRUMENT_ ID：3065524；NO.

② R202-Social Protection Floors Recommendation, 2012（No. 202）［EB/OL］.［2013-08-08］. http：//www. ilo. org/dyn/normlex/en/f? p = NORMLEXPUB：12100；0：NO：12100；P12100_ INSTRUMENT_ ID：3065524；NO.

强，社会保障制度也应同步发展。成员国应在国际社会保障时新标准框架内采取步骤，扩大所提供的福利和服务范围，并提高其水平和质量。在 20 世纪的大部分时期，一些国家的社会保障制度人口覆盖面和风险范围内得到了扩展。显而易见，收入水平高于"贫困线"的群体将寻求并有权利为自身创立社会保障措施，这些措施将为其在丧失收入时，提供远远高于可能被视为仅够免于贫困的收入替代。实现此种水平收入替代以及获取优良卫生服务的机制已相当完善，包括社会保险、基于社区的保障制度、由税收资助的待遇确定型福利计划以及强制性私人保险。国际劳工组织公约对最低福利水平作出了规定，从而有助于在公约批准国推行有效的收入替代。对其他国家而言，公约提供了一套独一无二的、为国际上所接受的最低福利水平基准，基于对国家社会保障制度设计作出的评估，从而有助于确定以国家社会保障发展规划为形式的长期国家愿望。国际劳工组织通过提供一套最佳做法基准，支持政府和社会伙伴制定切实可行的国家社会保障发展方案①。

　　总的来说，国际劳工组织把扩大社会保障覆盖面的进程比喻为社会保障阶梯。底层水平包括一套人人享有的基本保障；具有纳税或缴费能力的人们有资格享有第二层水平的福利（法律规定和保障最低标准）；需要或希望得到高水平保障的人们，有资格建立顶层的自愿私人保险（但必须如所有私人保险计划一样受到调控和公共监督）。虽然在那些经济发展水平较低的国家，享有基本社会保障

---

① 国际劳工组织. 争取社会正义和公平全球化的社会保护底线 ［R］. 日内瓦：国际劳工局，2011：134.

保护的人数较多，但是，这一比喻适用于各个发展阶段的国家①。

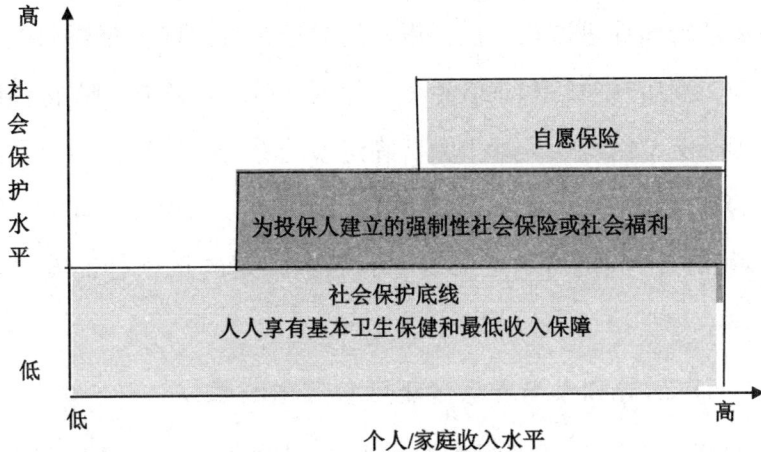

图5-2 社会保障阶梯

资料来源：国际劳工组织. 争取社会正义和公平全球化的社会保护底线. 日内瓦：国际劳工局，2011：131.

二、倡导国家主导的养老金制度改革

在过去，世界各地的养老金政策发生了很大变化。在 20 世纪 80 年代初，智利是第一个以完全基金积累的缴费确定型（DC）取代部分基金积累的待遇确定型计划（DB）的国家。1994 年，世界银行出版《防止老龄危机：保护老年人和促进增长的政策》，提出三支柱模式。其中，第一支柱为公共养老金计划，第二支柱为职业养老金计划，第三支柱为个人储蓄计划。世界银行的改革模式重点

① ILO. Extending social security to all：A guide through challenges and options [M]. Geneva：ILO, 2010：25.

放在了第二支柱上，即由私营机构管理的完全依靠融资的养老金计划，这个制度可以使养老金计划免受老龄化社会的影响，并因国民储蓄的增加而促进增长。世界银行的模型在过去四十年期间先在拉丁美洲，而后在中欧和东欧生根。而国际劳工组织却一直持怀疑态度，国际劳工组织认为基于缴费确定型的养老金改革，不会导致可预测的给付水平，因而不能提供真正的老年收入保障。同时，2008年金融和经济危机对确定缴费型养老金计划的重创已证实了这一观点。

（一）倡导和参与养老金制度参数化改革

2000 年，国际劳工组织在《社会保障养老金：发展与改革》中提出了其对多层次养老金制度的立场。国际劳工组织强调了给付水平适度（提供老年收入保障，从而赋予人们负担得起的退休权利）、覆盖面扩大（具有使其变为全民性的最终目标）以及良好治理作用，作为所有养老金制度正常运作的必要条件①。有相当数量的欧洲国家对其养老金制度改革采纳的是参数化改革，并未从根本上改变老年收入的保障模式，这些国家包括德国和法国。这些改革通常侧重于对某些参数的调整，主要是：通过提高可领取退休金的年龄、修改资格条件、通过养老金公式和标准规则的改变降低福利权利，以及在养老金体系中添加一个新的层面。瑞典和意大利引进的改革，虽然它们保留了主要养老金计划的现收现付特点，但是这些改革也引进了名义定额缴费（NDC）的原则来确定未来的给付水

---

① 争取社会正义和公平全球化的社会保护底线 [EB/OL]. [2013-09-23]. https：//www. ilo. org/wcmsp5/groups/public/---ed_ norm/---relconf/documents/meeting-document/wcms_ 154143. pdf.

平。国际劳工组织一直倡导这种改革并参与了其中一些改革。

（二）促进国家养老金计划的基本指导原则

根据国际劳工组织《章程》以及其公约和建议书中所确定的在养老金政策方面的职责，国际劳工组织在促进国家社会养老金计划方面遵循的十大基本指导原则：（1）普遍覆盖面：应保证人人都享有老年基本收入保障；（2）作为一种权利的给付：应当依照国家法律来规定养老金给付的权利，法律应明确规定其范围、符合资格的条件和给付的水平以及投诉和申诉的程序；（3）免遭贫困保护：养老金制度应能提供一种有效保护人民免遭贫困、脆弱性和社会排斥，并能使受赡养者过上有尊严生活的可靠最低给付保障；（4）收入保障和适度性：老年人的生活应该至少享有国家规定的最低水平的基本收入保障。那些收入等于或低于参考工资，且缴费达 30 年的人员，应保证给予其退休前收入至少 40% 的养老金（国际劳工组织第 102 号公约如此规定）；（5）社会保险缴费与养老金水平的精算等价：应保证所有缴费者的最低替代率适度反映已支付的缴费水平；（6）保证储蓄的最低回报率：应保护存入储蓄计划的缴费金额实际价值；（7）性别平等和公平：养老金政策应遵循非歧视、性别平等和回应特殊需求的原则；（8）健全的融资：养老金制度应以金融、财政和经济上可持续的方式融资，充分考虑社会公平、社会正义和互助共济，以避免其长期生存时期的不确定性；（9）财政责任：养老金计划不应挤占其他社会给付的财政空间。养老金应成为国家社会保障扩展战略的组成部分，旨在通过适当和有效协调的计划缩小保护方面的差距，体现国家优先事项和财政能力；（10）国家责任：国家应保持作为老年收入保障和获得适度养老金权利的最终担保人①。

（三）对智利基本养老金制度改进提供技术支持

1981 年，智利政府对正规部门就业的工人实施养老保险制度创新，其特点是由私人公司管理、定额缴费、强制性参加、采用个人账户制度。经过几十年的运行，许多证据表明，与国际标准相比，许多受益者获益很低，而且覆盖面仍然较窄。面临最大风险的个人是：自谋职业者、农业工人、临时工和妇女。此外，从原来的养老金制度过渡到私有化养老金制度，加剧了在获得现有福利方面的性别不平等，而且没有解决覆盖面和福利适度的问题。

从 2006 年到 2008 年，智利的"马塞尔委员会"受命提出解决办法，以及修订和改进现行养老金制度。国际劳工组织积极向巴切莱特政府（2006—2010 年）创建的马塞尔委员会和其他委员会提供技术支持。2008 年 1 月，智利颁布"养老保险改革法案"，创建了与现有制度相联系的基本养老金制度。新制度由三个支柱组成：共济支柱、缴费支柱和自愿支柱。政府对社会保障制度的各项改革，提出了一系列的计划，以解决贫困和促进社会包容，体现了政府责任的回归。新制度的核心特征之一是采纳基本养老金计划，即无论他们缴费多少，每月给所有 65 岁及以上的老人 150 美元养老金。根据领取人的缴费养老金收入和其他来源收入的水平，基本养老金的金额逐步减少。任何人，如收入处在收入分配最低的 60% 人口之中，都有权享受基本养老金。对于病残人员，也有一个每月约 150 美元的基本养老金，这是 2009 年 7 月推出的。此外，还有一个

---

① ILO. Employment and social protection in the new demographic context [R]. Geneva: ILO, 2010: 125.

团结"补足"养老金，即每月各种养老金福利总金额达不到约 560
美元的，将给予补足。为了鼓励妇女的照护责任以及她们为劳动力
再生产做出的贡献，智利设立了妇女债券，每生养一个孩子，就支
付到母亲个人账户。同时，托儿服务设施方面变得更为容易获得，
这促进妇女参与劳动力市场就业。

　　2009 年，这些改革扩大了覆盖面，使 60 多万人摆脱了贫困，
也解决了更大的代际公平和性别平等问题。但对现有制度的状态，
也没有显著地改变其总费用。然而，还需继续强制落实自谋就业者
和家政工人的缴费义务，并确保他们获得适度的覆盖。尽管如此，
新的养老金制度似乎运作良好，并已得到了缴费者和受益者的大力
支持①。

三、确保社会保障政策与经济政策的一致性

　　社会保障和更广泛的社会保障政策的设计和实施不可能单独进
行，只有成为既全面又一致的全国经济和社会发展战略的一部分，
它们在长期内才能获得成功并且具有可持续性。所有国家和所有社
会都在不断地发展变化，因此，需要制定综合性的社会和经济政策
战略②。

　　在国际社会保障标准框架中，1988 年《促进就业和失业保护
公约》（第 168 号公约）详细阐述了有必要对失业津贴和就业政策

---

① 国际劳工组织. 争取社会正义和公平全球化的社会保护底线［R］. 日内瓦：国际
　　劳工局，2011：53.
② 国际劳工组织. 争取社会正义和公平全球化的社会保护底线［R］. 日内瓦：国际
　　劳工局，2011：135.

进行密切的协调和调整。国际劳工组织的体面劳动议程和国际劳工组织关于争取公平全球化的社会正义宣言（2008）强调了整合经济和社会政策的重要性。实施公约和建议书专家委员会在其关于社会保障文书（2011 年）的综合调查中，强调对 1990 年代片面重视经济政策而带来的不利影响加以关注。在 1990 年代，日益激烈的竞争、私有化和劳动力市场的非规范化对社会融合构成了威胁，增加了不稳定性，削弱了社会保护并吞噬了工作中基本原则和权利，并且没有在增加就业或者经济增长方面带来更好的效果。只有通过全面和平衡的思路去考虑经济、社会、财政、货币、劳动力市场和发展政策所带来的经济和社会影响，才能确保开辟一条公正和可持续的发展道路①。

（一）确保社会保障政策目标与制度设计的协调性

几十年来，社会保障各个组成部分并不总是能够以最佳的方式进行协调的情况，造成效率低下、覆盖差距、覆盖重叠和资源配置不完善的问题。制定连贯统一的社会保障政策可帮助缩小差距，并提高制度的效率。

重新设计或重新调整国家社会保障制度的最大实际挑战是社会保险制度、全民福利计划和社会救助计划以及私营福利制度之间的相互影响。社会保障制度的所有组成部分须与整体目标相一致，因此，各子系统的运作应共同提供一个连贯而全面的制度，从而有效和高效地惠及所有人。在一些低收入和中等收入国家，社会保险计划往往被视为主要是保护受雇于正规经济的就业者。在许多发展中

---

① 国际劳工组织. 争取社会正义和公平全球化的社会保护底线［R］. 日内瓦：国际劳工组织，2012：32.

国家，决策者明确认识到那些尚未由缴费或税收资助的保险覆盖的人们的需要，对他们开始实施由税收资助的新形式福利。在世界一些地区，社会救助计划已开始从"安全网"转向"社会包容"框架，它包括获得基本的特别是医疗保健和教育服务以及经济机会。让母亲和儿童获得医疗服务以及让儿童获得教育服务是这些计划最常见的特点（例如，有条件的现金转移），这些计划是提高穷人能力的一个宝贵机制，也是实现长期脱贫的手段。对于帮助人们获得经济机会，可以直接通过提供就业机会（例如，公共工程计划），也可以间接通过为发展就业能力、创业和进入劳动力市场（包括投入资金、获得小额信贷和培训）创造条件予以促进。

合理协调缴费型社会保障与非缴费型社会保障之间关系是非常重要的，将社会保障政策紧密纳入其他部门中（特别是教育、卫生和就业部门）。国际经验表明，协调一致的政策，结合不同的政策和机制，在扩大社会保障覆盖范围方面都是非常成功的

（二）促进社会保护和就业中的机会均等和平等待遇

促进社会保护和就业中的机会均等和平等待遇是国际劳工组织的重要任务之一。关于防止就业中的性别歧视和促进更广泛地参与社会，精心设计的社会保障制度能够在提高女性劳动力参与、鼓励妇女和男子就业正规化以及加强兼顾工作与家庭责任方面发挥强有力的作用。例如，第 2000 年《生育保护公约》（第 183 号公约）通过提供产假津贴（而不是通过雇主责任），将支付该名妇女产假期间工资的责任由个别雇主转移到由一个更大的风险共担群体来承担。这均衡了男性和女性之间的劳动力成本，从而有助于防止在劳动力市场上对青年妇女的歧视，同时也保证了年轻母亲及其孩子获

得收入保护。

促进移民工人在社会保障中的平等待遇被视为是一个经济和社会的需要。人们日益认识到，将移民工人排斥在国家社会保险计划之外会导致劳动力市场的分割，也会对国家人口造成负面影响。将移民工人纳入与国民同样条件下的社会保障，不仅保证了（在缴费和给付两方面的）平等待遇，而且也避免了劳动力市场的分割。1962年《（社会保障）同等待遇公约》（第118号公约）和1982年《维护社会保障权利公约》（第157号公约）明确地阐述了维护平等待遇、不歧视以及保护移民工人权利等内容，加强了各国社会保障合作。一些国家修订社会保障立法，以确保移民工人的平等待遇，或缔结双边或多边协议，以确保移民工人获得社会保护。例如，为了确保移民工人及其家庭获得社会保障，加勒比共同体（CARICOM）秘书处成员国于1997年达成了一项多边协议，保护移民工人在协议参加国长期享有社会保障权利（协议参加国包括：安提瓜和巴布达、巴哈马、巴巴多斯、伯利兹、多米尼加、格林纳达、圭亚那、海地、圣基茨和、尼维斯、圣卢西亚、圣文森特和格林纳丁斯、苏里南、特立尼达和多巴哥、英国）。另外，旨在协调各成员国社会保障立法的"加勒比共同体社会保障协议"申明：居民平等待遇原则，无论其国籍，根据它们的社会保障立法，维护已获得的或正在获得过程中的权利，以及尽管居所变化，然而在各自的领土上保护和维护这些权利①。

---

① 国际劳工组织.争取社会正义和公平全球化的社会保护底线［R］.日内瓦：国际劳工局，2011：83-84.

（三）将社会保障覆盖到非正规就业者以促进正规就业

目前，许多国家面临的最大挑战之一就是存在大量的非正规就业以及其进一步增加的风险。在世界大部分地区，大部分劳动人口是在非正规和无社会保障的条件下工作。许多低收入和中等收入国家显示了高水平的非正规就业。虽然大多数高收入国家的非正规程度一般来说比低收入和中等收入国家低很多，但是不稳定就业和非正规的增长在一些国家引起了关注。全球金融和经济危机的影响也使世界大部分地区的非正规就业有所增加，并且从中长期来看，这可能对社会和经济发展的产生负面影响。

非正规就业特点之一是缺少社会保障覆盖[1]，促进就业正规化的挑战之一就是确保社会保障覆盖小型和微型企业的工人以及自谋职业者。将这些群体置于由劳动和社会保障立法提供的社会保护伞之下是重要的一步，但这不足以确保有效覆盖，因为履约率往往较低。一些国家正在促进将社会保障覆盖到这些群体，例如，约旦继2005 年发起人人享有社会保障的全球运动之后，社会保障公司推出了一项扩大覆盖范围的倡议，该倡议侧重于少于 5 名员工的小企业，估计约有 15 万家这样的企业，雇用了 34 万名员工。2009 年11 月，该计划在亚喀巴省进行信息登记活动，随后扩展到伊尔比德省和马安省。2010 年通过的新社会保障法将法定覆盖范围扩大到

---

[1]　ILO. 17th International Conference of Labour Statisticians: Guidelines concerning a statistical definition of informal employment [R/OL]. Geneva: ILO, 2003. [2010-10-02]. http://www.ilo.org/global/statistics-and-databases/meetings-and-events/international-conference-of-labour-statisticians/WCMS_ 087565/lang--en/index.htm.

小型企业工人①。

征收社会保障费有较大的灵活性，可帮助那些非定期领受薪资的人向社会保障计划缴费。目前在拉美国家推出"简化税费计划"，这些计划能够将那些迄今被排除在外的人纳入社会保障计划。阿根廷、巴西和乌拉圭已通过"简化税费计划"，将社会保障覆盖范围扩大到自谋职业者，这是针对小企业和自谋职业者纳税和社会保障缴费的综合简化国家计划。

在阿根廷，自谋职业者（即具有固定收入的大多数自谋职业者和独立专业人士）由法定的综合性退休和养老金体系所覆盖。属于小额缴费者类别的工人，可以选择为小额缴费者制定的简化计划，其中包括所得税、增值税和养老金缴费。这项计划也适用于已登记但在一定条件下缴费给予豁免的小额缴费者和一定类别的弱势工人。在乌拉圭，非常小型的企业（根据若干标准，由受雇工人人数和营业额来界定）可以使用全球税收计划进行纳税和社会保障缴费。虽然该计划最初只限于少数类型的机构，但 2007 年实施的改革将适用范围扩大到了更多的机构。这项计划提供了除失业救济金以外的所有社会保险津贴。在巴西，简化计划覆盖自谋职业者和小型企业工人；它根据企业的规模提供三种不同的计划（分别于1996 年、2007 年和 2009 年推出）。有关"简化税费计划"的现有实例表明，它们成功地提高了对自谋职业者的覆盖率，但需要精心设计计划，以确保不同类别工人之间的公平②。

① 国际劳工组织. 争取社会正义和公平全球化的社会保护底线［R］. 日内瓦：国际劳工局，2011：87.
② 国际劳工组织. 争取社会正义和公平全球化的社会保护底线［R］. 日内瓦：国际劳工局，2011：89.

2003 年，南非劳工部将家庭工人纳入失业保险基金（UIF），成立失业保险基金，是为了在失业期间向失业工人提供收入支持。该基金提供失业、生育和收养津贴以及在生病或死亡的情况下的抚恤金，而且覆盖所有家庭工人，包括管家、园丁、私家司机和照顾家庭中任何人的护理人员（不包括农场工人）。在 2003 年至 2008 年之间，有 63.3 万多名家庭工人和 55.6 万多名提供家庭工作的雇主在该基金投保，征缴的保费金额达 3.95 亿兰特（约合 5300 万美元）以上。截至 2008 年，有 32.4 万多名暂时失业的家庭工人领取了津贴，这表示支出了近 2 亿兰特（合 2700 万美元）的社会保障金，受益者多为妇女①。

非正规就业是经济发展的主要障碍之一，而社会保障是一项投资，这些投资将有助于确保人们身体健康、营养均衡、受过良好教育并在正规经济中就业。只有当人们可以从非正规经济转移到正规经济，从维持生计水平的低生产率活动者成为缴费者和纳税人，经济才能增长，收入才可征税以对国家和社会保障制度融资，进而有助于实现更高水平的福利和增长。一旦人们有能力进入正规劳动力市场，那么较高水平的社会保障，如果设计得当，就会提供必要的激励人们留在正规部门就业以及为社会保障进行融资，这允许个人通过培训和再培训措施以适应技术和经济变革。一个更高水平的社会保障是维持高水平正规就业所需要满足的条件之一。

---

① 国际劳工组织.争取社会正义和公平全球化的社会保护底线［R］.日内瓦：国际劳工局，2011：89.

第二节　国际社会保障标准的发展趋势

根据国际劳工组织在社会保障领域的政策方向以及 2012 年通过的《社会保护底线建议书》（第 202 号建议书），考虑到在过去十年中，国际劳工组织标准制定活动出现的新特征，国际劳工组织在社会保障领域制定标准的发展趋势如下：

一、公约内容趋向于权利的确定性和实施手段的灵活性相结合

近年来，国际劳工组织制定的公约主要包括：1999 年《消除最恶劣形式的童工劳动公约》（第 182 号公约）、2006 年《海事劳工公约》（MLC）、2006 年《促进职业安全与卫生框架公约》（第 187 号公约）等①。这些公约内容的特点是权利的确定性和实施手段的灵活性相结合。1999 年《消除最恶劣形式的童工劳动公约》（第 182 号公约）主要侧重于所有国家都接受的义务，不论其发展水平或国情如何。在该公约中，时间限制的行动方案已经成为新标准的实施机制。这种有时间限制的行动方案，特别适合于为特定区域或类别的人们制定短期社会保障津贴计划（如儿童津贴、生育津贴和失业津贴）。

2006 年《海事劳工公约》（MLC）通过责任的具体分配和负责

---

① Conventions [EB/OL]. [2013-09-25]. http：//www. ilo. org/dyn/normlex/en/f? p = 1000：12000：0：NO.

机构的决定，把确定的基本原则和权利与灵活的实施手段相结合。该公约的风格和形式对国际劳工组织来说是新颖的，它用平实的语言制定新的公约框架：正文条款、规则和技术守则。每条守则通常都含有强制性的标准和表示标准应以何种方式实施的非强制性指导准则。社会保障标准也需要通俗易懂的语言，象 2006 年《海事劳工公约》（MLC）一样，多层次结构也适用于很好地反映社会保障的立法结构，其中包括强制性标准、程序性规则和指导准则。2006 年《海事劳工公约》（MLC）所采用的编纂形式也可以有效地适用于社会保障，把已有的立法整合为综合性的法律或社会保障法典①。

二、社会保障标准的适用范围不断扩大

自 1944 年通过《费城宣言》以来，国际劳工组织一直致力于创建一个免于恐惧和贫困的世界秩序，其中，社会保障将为所有需要此种保护的人提供基本收入和完备的医疗保健。第 67 号和第 69 号建议书将这些愿望具体化，为社会保障在工业化社会的发展规划了富有远见的蓝图，并将社会保障的覆盖范围从工人扩大到全部人口。对于工业化社会来说，国际劳工组织标准已实现最初的目标，即消除或防止绝大多数人的贫困问题。而对于大多数低收入国家的社会保障仍达不到第 102 号公约规定的水平。因为，传统的制度没有将社会保障扩大到占国家经济绝大部分的非正规部门、农业和维持生存的部门。社会保障公约迄今未能实现这些目标，仍有大部分人无法享有社会保障。在这种背景下，近年来，社会保障标准的适

---

① ILO. Social security and the rule of law. ILC. 100/III/1B ［R］. Geneva：ILO, 2011：251.

用范围呈现不断扩大的趋势.

　　首先，国际劳工组织努力将社会保障覆盖到所有人。1999 年，在《费城宣言》通过后的五十五年，整个世界和劳动世界已经发生了深刻的变化，在第 87 届国际劳工大会上，国际劳工组织总干事胡安·索马维亚发表了题为《体面劳动》的报告，指出在全球化的背景下，国际劳工组织面临的挑战是"找到解决方案，增加保护和尊重社会保障基本原则"①。这些体面劳动议程优先事项，已成为国际劳工组织在二十一世纪初的行动方案，通过在第三世界扩大社会保障覆盖面，以弥补在全球经济中的社会保障赤字。伴随着《体面劳动》议程，国际劳工组织快速行动起来，并带头建设全球化的社会层面。2001 年，第 89 届国际劳工大会对社会保障问题进行一般性讨论，确定二十一世纪社会保障的前景问题。会议重申了国际劳工组织在促进和扩大全球社会保障中的主导作用，并强调指出，国际劳工组织在社会保障方面开展活动应基于《费城宣言》、体面劳动概念和国际劳工组织社会保障标准，最优先的事项是将社会保障扩大到那些未被现有制度覆盖的人②。2003 年，国际劳工组织在第 91 届国际劳工大会上向全世界发出开展人人享有社会保障运动的号召。扩大社会保障覆盖面是在促进平等和非歧视基本原则的背景下展开的。2008 年《争取公平全球化的社会正义宣言》重申和更新了国际劳工组织在社会保障方面的任务和使命。2012 年，第 101 届国际劳工大会通过了《社会保护底线建议书》（第 202 号建

---

① ILO. Decent work：Report of the Director-General ［R/OL］. International Labour Conference, 87th Session, 1999. ［2016-08-20］. http：//www. ilo. org/public/english/standards/relm/ilc/ilc87/rep-i. htm.

② 国际劳工局. 社会保障：新共识 ［M］. 北京：中国劳动社会保障出版社，2002：2.

议书），该建议书通过指导各成员国建立全球性的社会保护底线，其包括一揽子非缴费型基本津贴：基本卫生保健、贫困线以上的家庭/儿童福利、基本的失业救济金、老年人养老金和残疾人抚恤金，旨在扩大基本收入保障和基本卫生保健，以覆盖世界各地的亿万人们。

其次，社会保障标准的覆盖范围逐步扩大。国际劳工组织在1952年到1988年之间通过的5项社会保障公约。其中，1952年《社会保障（最低标准）公约》（第102号公约）包含最低标准，其后通过的第121号公约、第128号公约、第130号公约和第168号公约包含更高标准。这些更高标准的覆盖范围明显高于第102号公约，以工伤津贴为例，根据第102号公约，受保护人应包括规定类别的雇员，其在全体雇员中的构成不低于50%。而第121号公约规定，关于工伤事故和职业病津贴的国家法规，应保护包括合作社在内的公营或私营部门在内的全体雇员（包括学徒），并在家庭供养人死亡时，保护各类受益人①。这说明社会保障标准的适用范围不断扩大。

再者，社会保障标准对弱势劳工的覆盖范围逐步扩大。国际社会保障标准保护的弱势群体主要包括妇女、儿童、移民工人、老年人和残疾人。随着时间的推移，这些弱势群体的保护范围不断扩大。例如，对于生育保护标准覆盖的妇女范围来说，1919年《生育保护公约》（第3号公约）的适用范围包括在公营、私营工业，

---

① 国际劳工组织. 国际劳工公约与建议书（第一卷）［M］. 北京：国际劳工组织北京局，1994：360.

以及在商业企业中就业的妇女①。1952 年，国际劳工组织对第 3 号公约进行了修订，产生了《保护生育公约》（修订）（第 103 号公约）和同名建议书（第 95 号建议书）。第 103 号公约不是取代第 3 号公约，而是两个公约并存，成员国可选择批准或者都批准②。第 103 号公约的适用范围扩大到农业和其他非工业部门受雇的妇女，包括领取工资、在家劳动的妇女③。2000 年，国际劳工大会注意到需要修订第 103 号公约和第 95 号建议书，以便进一步促进劳动力市场中所有妇女平等和母子健康与安全，大会通过了《生育保护公约》（第 183 号公约）和同名建议书（第 191 号建议书）。第 183 号公约的适用范围为所有就业妇女，包括那些从事非正规形式工作的妇女④。这说明社会保障不再是基于产业或是行业方面进行扩大适用范围，而是转向关注不同的就业形式，特别是对正规就业的关注。

三、社会保障标准逐渐采取以人权导向的软法方法

在 20 世纪 20—40 年代以及 50—70 年代，国际劳工组织的社会保障标准制定活动是富有成效的。在 20 世纪 60 年代，根据某些群体面临的风险，在第 102 号公约的基础上，国际劳工组织制定了一

---

① C003-MaternityProtectionConvention, 1919（No. 3）[EB/OL].[2013-09-30]. http://www. ilo. org/dyn/normlex/en/f? p = NORMLEXPUB：12100：0：NO：12100：P12100_ INSTRUMENT_ ID：312148：NO.

② 林燕玲. 国际劳工标准 [M]. 北京：中国劳动社会保障出版社，2007：217.

③ C103-Maternity Protection Convention（Revised），1952（No. 103）[EB/OL].[2013-09-30]. http://www. ilo. org/dyn/normlex/en/f? p = NORMLEXPUB：12100：0：NO：12100：P12100_ INSTRUMENT_ ID：312248：NO.

④ C183-Maternity Protection Convention, 2000（No. 183）[EB/OL].[2013-09-30]. http://www. ilo. org/dyn/normlex/en/f? p = NORMLEXPUB：12100：0：NO：12100：P12100_ INSTRUMENT_ ID：312328：NO.

些更高水平的专门公约。这些公约纳入国际社会保障法，为保护社会保障权提供了坚实的基础，并有助于国家依法制定社会保障制度。但是，在 20 世纪的其他时期，社会保障立法活动几乎停滞不前。自 1988 年以来，国际劳工组织很少解决基本的社会保障问题。由于各成员国的情况不同，这使得他们在修订第 102 号公约，或制定一项有法律约束力的新文书方面很难达成一致。

2001 年，第 89 届国际劳工大会对社会保障进行了一般性讨论，得出关于社会保障问题的结论：社会保障是一项基本人权，是创造社会凝聚力、从而确保社会和睦和社会包容的手段。并且，社会保障没有一个单一正确的模式，它随着时间的推移而发展和改善。对于目前的所有社会保障制度，都应该符合某些基本原则，特别是保险待遇应该是有保障和非歧视的，方案应该以健全而透明的方式实施，行政费用要尽可能降低，以及社会伙伴在其中要发挥强有力的作用。公众对社会保障制度的信任程度是这些制度成功的关键因素，要想让公众信任，出色的管理至关重要①。

从上面的一般结论中可以看出，对于国家选择现收现付制，还是基金积累制，这是基本的也是最具有争议的问题，国际劳工组织没有给予解决，仅提供一些关于制度的非歧视性和透明性以及在决策过程中必须由社会伙伴参与的模糊建议。因此，第 102 号公约硬的法律标准逐渐淡化，取而代之的是让位于以人权为本的软法。

2012 年 6 月 14 日，第 101 届国际劳工大会通过了 2012 年《社会保护底线建议书》（第 202 号建议书），这是向实现社会保障作为人

---

① 国际劳工局. 社会保障：新共识 [M]. 北京：中国劳动社会保障出版社，2002：1-2.

权迈出的重要一步，因为它承认了社会保障的三重角色：普遍人权、经济必需品和社会必需品。该建议书是全球性社会政策的一个突破，它要求各国在国家发展进程中，尽早实施社会保护底线。该建议书重申社会保障权是一项人权，并认识到享有社会保障的权利，和促进就业一起，是实现发展和进步的经济和社会必需品。该建议书承认国家在实施本建议书中的全面和首要责任，成员国应贯彻下列 18 项原则：(1)基于社会团结互助的普遍保护；(2)享有国家法律规定的津贴；(3)津贴的充足性和可预见性；(4)非歧视、性别平等和满足特殊需求；(5)社会包容，包括非正规经济中的人员；(6)尊重受社会保障担保覆盖人民的权利和尊严；(7)包括通过确定具体目标和时间框架而逐步实现；(8)在寻求实现社会保障计划缴费者与受益者双方的责任和利益之间的最佳平衡的同时，实行团结一致共同筹资；(9)考虑方式方法的多样性，包括收缴机制和发放体系的多样性；(10)透明、负责和良好的财务管理和行政管理；(11)适当关注社会正义和公正的资金、财政和经济的可持续性；(12)与社会、经济和就业政策相一致；(13)负责实施社会保护的各机构间的协调一致；(14)强化社会保障制度实施的高质量的公共服务机构；(15)投诉和上诉程序的效率和便于使用；(16)定期监督实施情况，并定期评估；(17)充分尊重所有工人的集体谈判和结社自由；(18)包括雇主和工人代表性组织的三方参与，以及与其他相关组织和有关人员的代表性组织进行磋商①。

---

① R202-Social Protection Floors Recommendation, 2012 (No. 202) [EB/OL]. [2013-08-08]. http：//www. ilo. org/dyn/normlex/en/f? p＝NORMLEXPUB：12100：0：NO：12100：P12100_ INSTRUMENT_ ID：3065524：NO.

第 202 号建议书是以人权为本的新软法，其优点就是对所有国家都适用，它使后工业化国家和发展中国家的不同需求在某种程度上达成一致，并且，解决方法是灵活的和以关键问题为主的。但是，新的方法没有规定明确的法律义务，可能被认为是倒退了一步，只有模糊的概念并不能形成任何控制程序的基础①。

第三节　社会保护底线在全球的实施与发展

社会保护底线是一个全球性和连贯性的社会政策，是全球就业契约的核心部分，它把老年人、残疾人和儿童的收入保障以及失业人员和在职贫困者的公共就业保障结合在一起。在金融危机时期及后危机时代，社会保护底线是世界各国保障人人享有最低水平的基本服务和收入保障的一项战略。

社会保护底线不仅对消除贫困和不平等产生巨大的影响，而且对社会发展指标，例如入学率、健康和营养状况的改善以及促进性别平等产生重大影响。近年来，一些国家已经实施社会保护底线政策，并取得了显著效果。

一、社会保护底线在美洲：缩小贫富差距

在美洲，社会保障覆盖面差距很大，从 11% 到全民覆盖不等。在许多国家，缺乏足够的社会保护使许多人滞留在多重贫困影响的

---

① RIEDEL EIBE. Social security as a human right：drafting a general comment on article 9 ICESCR-some challengers [M]. Berlin：Springer, 2007：100-111.

风险之下。拉美国家为减少贫困和不平等，积极谋求制度创新。其中，巴西的博尔萨家庭计划（the Bolsa FamiliaProgramme）和墨西哥的"机遇"计划（Oportunidades）是社会保护底线政策中最突出的案例。

1988 年，巴西宪法要求实现社会保障覆盖和服务的全民性，以及平等对待城市和农村居民。从 2005 年至 2009 年，社会保险养老金领取人数增加了 11%，而领取社会救助金的人数增加了 25%。自 2009 年以来，巴西扩大覆盖面的努力大都集中在现金转移支付计划，包括博尔萨家庭计划和家庭津贴①。巴西的博尔萨家庭计划启动于 2003 年，目的是为了减少贫困和不平等，并制止贫困的代际传递，目前，受益的家庭达到约 1300 万个。由于减少了官僚主义并使管理程序标准化，该计划已成为世界上最大的有条件的社会救助计划。该计划优先支付津贴给女性家长，强调支持母亲和儿童，并扩大获得教育和卫生保健计划。该计划产生的积极效果是改善了营养水平和入校率，增加了对卫生服务的利用，减少了极端贫困和不平等，以及增加了女性劳动力参与率②。

1997 年，墨西哥首次推出"进步"（Progresa）计划，该计划是针对农村贫困家庭的有条件现金转移计划，目的在于减少和预防贫困。2002 年，"进步"计划更名为"机遇"（Oportunidades）计划，通过培训和微型企业支持等一些附加条件，"机遇"计划已扩展到城区居民，现在，该计划已成为墨西哥政府主要的扶贫项目。

① 金砖国家——充满活力的社会保障在行动［EB/OL］.［2013-09-01］. http：// www. issa. int/zh/details? uuid=54228316-e220-44b4-a421-8a5d5edaaf21.

② International initiatives to extend social security coverage［EB/OL］.［2013-09-01］. http：//www. issa. int/zh/details? uuid=bb50ef33-4ef3-451f-96d0-08a68eb141df.

该计划是一项有条件的现金转移（CCT）计划，已覆盖了大约500万的墨西哥贫困家庭。领取津贴的条件是父母（通常是母亲）能够确保他们的孩子进行定期就诊和接受疫苗接种，并维持学校规定水平的考勤。随着儿童年龄的增长和进入更高年级，津贴水平也将增加，其目的是让年龄较大的儿童在学校读书，而不去做童工。"机遇"计划的预算为36亿美元，大约为国内生产总值的0.32%，其既定目标为通过改善教育、健康和营养子女的营养，帮助农村和城区的贫困家庭投资于人的发展。"机遇"计划将长期改善人们的经济前景，并随之减少贫困①。

二、社会保护底线在非洲：减少贫困和不平等

在非洲，社会保障覆盖面较低，在撒哈拉以南非洲，社会保障覆盖面为人口的5-10%；在13个中等收入非洲国家，社会保障覆盖面一般为人口的20-70%②。近年来，非洲各国在扩大有效的社会保障覆盖方面取得进展，特别是许多国家采取了创新的方法建立社会保护底线，以改善对脆弱群体的社会保护，并取得了突破。

2011年，乌干达政府出台了一项五年期的现金转移支付试点计划——"赋权社会求助金"（SAGE），该计划起初在三个区域范围内提供一项老年补助和一项脆弱家庭支持，然后再向全国其他地方推行。该计划给国家发展战略带来更广泛的积极发展，例如，促进

---

① ILO. Extending social security to all: A guide through challenges and options [M]. Geneva: ILO, 2010: 108.

② 充满生机的非洲社会保障：为发展而扩大社会保护 [EB/OL]. [2013-09-30]. http: //www. issa. int/chi/Resources/Social-Policy-Highlight.

性别平等、家庭团结、减少贫困甚至促进地方创业活动。

卢旺达通过创新方式，利用混合筹资来源，把国际援助、以社区为基础的健康保险计划、政府对边际化群体的补贴和正规部门的社会保险相结合，使人人享有健康保险①。

三、社会保护底线在亚洲：扩大社会保障覆盖面

在亚洲，社会保障的覆盖面差距较大，在较高收入的国家，社会保障为全民覆盖，在某些较低收入国家，社会保障仅覆盖5-10%的工薪阶层②。但是，近年来，一些国家把社会保障覆盖面扩大到所有劳动者，包括自营就业人员、移民、无国籍工人和农村人口，而一些国家的改革寻求将社会保障扩大到全体居民。

泰国于1911年开始实施《社会保障法》，建立了"社会保障医疗保险"，将医疗保险覆盖范围扩大到私营正规经济部门员工。最初，医保范围仅限于有20名或以上员工企业的雇员，2002年，法定覆盖范围扩大到所有企业，即使只有一名员工。2001年，泰国采取了大胆的步骤，引入了全民医疗保险计划，即"全民覆盖计划"（早期成为"30铢"计划），以实现充分的医保覆盖。该计划不隶属于"社会医疗保险"或"公务员医疗保险计划"。在2006—2007年度，泰国法定的医疗保险覆盖面几乎达到总人口的98%，其中，75%是由"全民覆盖计划"提供的保障。因此，泰国在一个相对较

---

① Africa：Rapid coverage extension is possible［EB/OL］.［2013-09-30］. http：//www. issa. int/zh/details? uuid=4915edfd-0e63-4f7a-a0aa-06e1575cc81d.

② Dynamic Social Security for Asia and the Pacific：The integral role of social security［EB/OL］.［2013-09-30］. http：//www. issa. int/details? uuid=a48cb700-b847-4923-bed9-d9b12b6a5f34.

短的时间内成功地实现了几乎全民覆盖①。

根据 2005 年通过的《全国农村就业保障计划法案》，印度建立了全国农村就业保障计划，该计划反映了宪法赋予的工作权利。根据全国农村就业保障计划，每个农村家庭每年有权要求在经过批准的公共工程中就业长达 100 天。该计划开展的项目包括促进土地和水资源管理，以及诸如道路建设等基础设施发展的项目，支付的工资为当时该地区农业劳动者的最低工资。如果申请人在规定的时间内没有获得工作，他们有权获得失业救济金。该计划以有效的自我定位方式而设计，即工资规定使穷人愿意选择该计划。该计划被视为世界上最大的基于权利的综合就业和社会保护措施之一，它惠及了大约 4000 万生活在贫困线以下的家庭②。

四、社会保护底线在欧洲：促进社会政策融合

在欧洲，大多数西欧国家已实现了社会保障的全民覆盖，其他国家由于非正规部门的扩大致使社会保障覆盖水平较低③。并且，一些社会保障计划之间存在着政策协调性差以及社会计划重叠问题。近年来，欧洲各国不断促进社会保障政策与其他社会政策之间的融合，促进政策之间的一致性和连贯性。

---

① ILO. Social security for social justice and a fair globalization [R]. Geneva：ILO, 2011：44.

② ILO. Extending social security to all：A guide through challenges and options [M]. Geneva：International Labour Office, Social Security Department, 2010：113-114.

③ Dynamic Social Security for Europe：A social model for recovery and growth [EB/OL]. [2013-09-30]. http：//www. issa. int/details？uuid＝2a7f0aef-1cc1-4a6d-9e33-f95fd523e143.

法国的"就业团结收入"（Revenue de Solidarité Active，简称RSA）措施是一项社会保护底线政策。就业团结收入（RSA）是一项政府救济性补贴，它同时取代法国原有的最低社会救济金、单亲家长补助金等最低社会救济补助以及再就业奖金、就业奖金等就业鼓励措施。就业团结收入（RSA）融合了上述不同救济体制的综合措施，其享受对象除了原来各项救济体制的享受者之外，还包括工作贫困者，对于无工作者，它是一种最低救济金，对于有工作者来说，它一种收入补充。该项措施的融资渠道是设立一项1.1%的房产收入与证券投资收入税。自2009年7月1日起，就业团结收入（RSA）在全国实施①。

总的来说，在经济全球化的背景下，世界各国从社会保护底线出发，将社会保障扩展到那些尚未由充足的社会保障覆盖的80%人口，这是迈向社会正义新时代的重要一步②。

---

① 法国的"就业团结收入"［EB/OL］.［2013-08-23］. http：//www. france-edu. fr/news/show. jsp? id=12207956063016402.

② 吕茵. 社会保护底线在全球的发展及其作用评析［J］. 当代世界，2011（5）：59-61.

第六章

我国社会保障权保护制度的构建

我国积极参与国际人权事务，截止到 2022 年，先后批准或加入 26 项国际人权文书。其中，包括 6 项联合国核心人权公约，有 5 项公约是把社会保障权作为一项基本人权加以保护。此外，我国是国际劳工组织的创始成员国，也是该组织的常任理事国。到目前为止，我国共批准了 28 项国际劳工公约①，这些公约涉及工时与休息时间、最低工资、最低就业年龄、海员劳动条件、职业安全与卫生、消除就业和职业歧视、男女同工同酬、残疾人职业康复和就业等内容，但是，这些公约中没有一项是社会保障公约。在经济全球化的背景下，为了履行国际承诺的义务，必须加快我国社会保障立法，使我国社会保障立法与国际社会保障标准衔接，对社会保障权进行切实的保护，这是一项紧迫而重要的任务。本章从履行国际承诺义务的角度出发，立足于我国社会保障权保护的法律状况，探寻我国社会保障法律制度与国际劳工组织社会保障标准究竟有何差距，分析我国是否具备批准社会保障国际公约的国内条件，如何才

---

① 中国已经批准的国际劳工公约 [EB/OL]. [2022-11-30]. http://www.molss. gov. cn/gb/zwxx/node_ 5441. htm.

能促使我国批准更多的社会保障公约，在我国社会保障权保护制度构建中，如何对国际社会保障标准进行借鉴和吸收。

第一节　我国社会保障权保护的法律状况

我国社会保障权保护制度以国际公约、宪法、法律、法规、规章等为主要形式。目前，我国社会保障权保护的法律状况具体表现为我国已作出了国际承诺，但国内宪法对社会保障权的规定不系统，不明确，呈现碎片化，另外，我国也没有制定社会保障基本法。

一、社会保障权的国际承诺

人权反映了人类对美好生活的一种向往和追求。尊重和保障人权是中国共产党和各级国家机关的意志和行动。我国政府已经加入26项国际人权公约，这些公约可分为六大类，包括国际人权宪章、保护社会弱势群体、反对种族主义、反对酷刑、难民地位问题、国际人道主义法，基本上能够涵盖中国人民所享受的基本人权和自由。在26项国际人权公约中，有5项公约是把社会保障权作为一项基本人权加以保护，即《经济、社会与文化权利国际公约》（第9条）、《儿童权利公约》（第26条和第27条）、《消除一切形式种族歧视公约》（第5条）、《消除对妇女一切形式歧视公约》（第11条和第14条）和《残疾人权利公约》（第28条）。2012年11月，中国共产党第十八次全国代表大会将"人权得到切实尊重和保障"

确立为全面建成小康社会的奋斗目标之一。2022 年 10 月党的二十大报告明确提出，要"坚持走中国人权发展道路，积极参与全球人权治理，推动人权事业全面发展"。

我国政府高度重视国际人权公约履约工作，积极履行已参加的国际人权条约的义务。2010 年，中国政府向联合国提交《经济、社会及文化权利国际公约》第二次履约报告，《儿童权利公约》第三、四次合并履约报告，《〈儿童权利公约〉关于儿童卷入武装冲突问题的任择议定书》首次履约报告。2010 年，中国政府向联合国残疾人权利委员会提交了《残疾人权利公约》首次履约报告，并于 2012 年 9 月顺利通过委员会审议，委员们普遍对中国残疾人事业发展成就及履约情况予以肯定。2012 年，中国政府提交《消除对妇女一切形式歧视公约》第七、八次合并履约报告①。

除了积极签署和批准包含社会保障权的相关人权公约，并积极履行公约义务以外，我国在许多国际会议上也表达了对社会保障权的国际承诺，并缔结了相关国际会议文件。除最早的《世界人权宣言》外，还包括：1993 年世界人权会议通过的《维也纳宣言和行动纲领》以及 2000 年纽约通过的《联合国千年宣言》等。尽管上述文件具有"软法"性质，但它反映了我国在国际社会中对社会保障权所一贯持有的政治和道德态度。

总的来说，我国加入人权公约意味着我国在人权观念、人权意识上大大提高了一步，同时，也意味着我国在社会保障权问题上和

---

① 中华人民共和国国务院新闻办公室.《2012 年中国人权事业的进展》白皮书［EB/OL］.［2013-09-15］. http://www.humanrights.cn/cn/rqlt/rqwj/rqbps/t20130514_1037660.htm.

国际基本接轨。

　　我国是国际劳工组织的创始成员国，也是该组织的常任理事国。从 1930 年至 1949 年，国民党政府先后批准了 14 项国际劳工公约，1984 年 5 月，我国重审了这 14 项国际劳工公约，决定予以承认。1983 年 6 月，我国正式恢复在国际劳工组织中的活动，从 1987 年到 2022 年，我国先后批准了 14 项公约，到目前为止，我国共批准 28 项国际劳工公约，其中，有效公约只有 20 项，2023 年 8 月份，将有 2 项公约生效。有 6 项公约已失效。在这 28 项国际劳工公约中，没有一项是社会保障公约。长期以来，我国的社会保障立法与国际社会保障标准衔接不足，影响我国参与国际经济竞争和国际交往，也影响了我国社会保障立法的发展。从 20 世纪 80 年代起，我国已将 1952 年《社会保障最低标准公约》（第 102 号公约）的精神逐步贯彻到社会保障法规和政策中①。目前，我国有关部门正在对国际社会保障公约和建议书进行研究，并将以积极而认真负责的态度，根据我国具体情况，批准一些公约。

二、社会保障权的宪法保护

　　社会保障权是一项基本人权，是我国建立社会保障制度的理论基础和逻辑前提，保障公民享有社会保障权是我国的义务和责任。我国已签署了一系列包含社会保障权的相关国际公约，缔结了一些国际文书，对社会保障权作出了国际承诺。2004 年，我国通过《宪法（修正案）》，增加了"国家建立健全同经济发展水平相适

---

① 穆怀中. 社会保障国际比较［M］. 北京：中国劳动社会保障出版社，200：386.

应的社会保障制度"和"国家尊重和保障人权"①。人权入宪成为我国人权演进史上的里程碑。

我国现行《宪法》第四十五条规定了公民享有物质帮助权,未采用社会保障权的概念,这将影响我国公民社会保障权的实现和社会保障立法的发展。2004 年《宪法(修正案)》通过以后,如何协调宪法第四十五条和第十四条第四款的规定,将成为我国在宪法实施中迫切需要解决的重要问题。

三、社会保障权的法律制度保护

自新中国成立以来,我国为保障人们生活、预防各种风险制定了大量的法律和政策,从而为我国公民社会保障权的享有提供了具体的制度保护。

社会保障权制度保护主要体现在当前我国社会保障法制的三个层次中:

第一层次是全国人大常委会制定的社会保障及相关法律,如《社会保险法》《劳动法》《老年人权益保障法》《未成年人保护法》《妇女权益保障法》《残疾人保障法》和《母婴保健法》等。其中,除《劳动法》外,其他五项法律均强调对弱势群体社会保障权的保护,体现了社会保障权的非歧视原则以及保护弱势群体的原则。《社会保险法》和《劳动法》有助于促进《经济、社会和文化权利国际公约》中社会保险权利的实现。

---

① 中华人民共和国宪法修正案(2004 年)[EB/OL].[2013-09-25].http://www.humanrights.cn/cn/rqfg/zgxf/t20061030_170203.htm.

第二层次是国务院制定的社会保障行政法规以及人力资源和社会保障部、民政部等国务院部委制定的社会保障行政规章所提供的保障。如《工伤保险条例》《失业保险条例》《农村五保供养工作条例》《自然灾害救助条例》《城市生活无着的流浪乞讨人员救助管理办法》《城镇居民最低生活保障条例》《革命烈士褒扬条例》《军人抚恤优待条例》和《城镇退役士兵安置条例》等。虽然这些法规规章对保障人们的生活发挥了重要作用，但不同法规、不同制度之间缺少必要衔接，适用范围不一致，甚至存在冲突。

第三个层次是国务院和人力资源和社会保障部、民政部等国务院部委颁发的大量政策所提供的保障。如《关于建立统一的企业职工基本养老保险制度的决定》《关于完善企业职工基本养老保险制度的决定》《关于建立城镇职工基本医疗保险制度的决定》《国务院关于开展新型农村社会养老保险试点的指导意见》《关于加快推进新型农村合作医疗试点工作的通知》，以及《农民工参加基本养老保险办法》和《城镇企业职工基本养老保险关系转移接续暂行办法》等。这些政策立法层次低，缺乏较高的法律效力和必要的法律责任制度。

毫无疑问，上述三个层次的社会保障法制为我国公民的社会保障权的实际享有提供了制度保障，但这种具体制度保障也有自身缺陷。社会保障权是要求综合性、全面性的社会保障制度给予保障的权利，但目前我国尚没有一部能全面体现国家社会保障制度、全面反映公民社会保障权益、能够作为社会保障事业发展基本纲领并对社会保障法制建设全面发展起指导作用、具有母法地位的社会保障基本法。由于缺乏社会保障基本法，目前整个社会保障体系缺乏明确的目标定位和职能定位，社会保障领域的基本原则没有用法律加以明确。关于社会保障权利、义务和责任的规范分散在社会保障单行法、行政法规以及规章中，缺乏统一性和连贯性。此外，现行的社会保障各项制度中，仅制定了《社会保险法》，而《社会救助法》《社会福利法》《社会优抚法》等专门的社会保障法律还没有出台。一些法律法规无法真正全面保障公民社会保障权的实现，促进整个社会保障制度的健康运行。

第二节　我国社会保障权保护制度与国际社会保障标准比较

我国虽然没有批准一项国际社会保障公约，但从 20 世纪 80 年代起，我国已将 1952 年《社会保障最低标准公约》（第 102 号公约）的精神逐步贯彻到社会保障法规和政策中。目前，我国已批准的国际劳工公约中也包含一些社会保障内容，例如《（残疾人）职业康复与就业公约》和《就业政策公约》等。

在当今经济全球化的背景下，我国社会保障权保护的法律制度与国际劳工标准究竟有何差距？如何才能促使我国批准更多的社会保障公约？在我国社会保障立法中，如何对尚未批准的国际社会保障公约和建议书注意吸收和借鉴哪些内容？本节试图对二者进行系统比较，为保障我国公民社会保障权、完善我国的社会保障法制提供参考基点。下面主要从社会保障立法原则、法律体系及各个社会保障项目方面进行比较。

一、社会保障立法原则比较

法的原则就是指反映法律制度的根本性质，促进法律体系的协调统一，为其他法律要素提供指导，保障法律运作的动态平衡的基础性原理和价值准则①。在法律创制过程中，法的原则具有非常重要的和不可替代的功能。集体表现在如下三点：（1）法的原则直接决定了法律制度的基本性质、基本内容和基本价值倾向。它是法律精神最集中的体现，因而，构成了整个法律制度的理论基础。（2）法的原则是法律制度内部协调、统一的重要保障。在法律的创制过程中，当处于不同效力位阶的各项原则能够被各级、各类立法者刻意遵从时，法制的统一就有了最基本的保障。（3）法的原则对法制改革具有导向作用②。

任何法律部门都有自己的基本原则，可以说，社会保障法的基本原则是这一法律部门的灵魂和统帅，它是社会保障立法的准则和依据，而且在社会保障执法中起着指导和制约的作用③。社会保障立法原则主要包括人权保障原则、逐步实现原则和注重结果原则。

（一）人权保障原则

人权保障原则是社会保障立法的首要原则。人权是权利的一种特殊形态，也是最为重要的权利，人权是基于人的人格尊严而为所有人享有的，对于人的生存和发展具有重要意义的基本权利。社会保障普遍性和全面性是人权保障原则的具体体现。

---

① 朱景文. 法理学 ［M］. 北京：中国人民大学出版社，2012：111.
② 朱景文. 法理学 ［M］. 北京：中国人民大学出版社，2012：113.
③ 张京萍. 社会保障法 ［M］. 北京：首都经济贸易大学出版社，2007：49.

国际劳工组织自 1919 年成立以来，寻求人人享有社会保障始终是其权责的中心任务。国际劳工组织在《国际劳工组织章程》序言中指出，应当"对工人因工患病和因工负伤予以防护，保护儿童、未成年人和妇女，规定养老金和残废抚恤金，保护工人在外国受雇时的利益"①。1944 年国际劳工组织在《关于国际劳工组织的目标和宗旨宣言》（即《费城宣言》）中重申了这一权责，明确"承认国际劳工组织在世界各国推进各种计划的庄严义务，以达到：扩大社会保障措施，以便使所有需要此种保护的人得到基本收入，并提供完备的医疗"，以及"提供儿童福利和生育保护"②。该宣言是从人权的角度勾画社会保障的第一部国际文书。2001 年，第 89 届国际劳工大会通过的决议和结论肯定了社会保障是一项基本人权，"社会保障对工人及其家庭和整个社会的福利极为重要。社会保障是一项基本人权，是创造凝聚力，从而确保社会和睦和社会包容的根本手段。"③

国际社会保障标准确认社会保障是一项基本人权，其中，最突出的文书是 1944 年《收入保障建议书》（第 67 号建议书）和 1944 年《医疗保健建议书》（第 69 号建议书），这两项建议书为社会保障作为一项人权载入国际人权公约铺平了道路。此外，1952 年《社会保障（最低标准）公约》（第 102 号公约）充分体现了人权的思想理念，该公约规定了成员国需要采取的措施、承担的义务以及每个提出要求者的上诉权和申诉权，从权利主体、义务主体、权

---

① 刘旭. 国际劳工标准概述 [M]. 北京：中国劳动社会保障出版社，2003：167.
② 国际劳工局. 关于国际劳工组织的目标和宗旨的宣言 [A]. 费城：国际劳工组织，1944：第 3（f）和（h）段.
③ 国际劳工局. 社会保障：新共识 [M]. 北京：中国劳动社会保障出版社，2004：1.

利内容三个方面将社会保障权完整展现出来。1962 年《社会保障同等待遇公约》（第 118 号公约）进一步强调社会保障作为基本人权的重要性，并规定在社会保障的适用范围和享受津贴的权利方面，外籍工人应与本国国民享有同等待遇。1982 年《维护社会保障权利公约》（第 157 号公约）确立了维护社会保障权利的基本原则，规定建立一种国际体系，以保障那些在工作期间或退休以后从一个国家移居到另一个国家的人享有充分的社会保障权利。2012 年《社会保护底线建议书》（第 202 号建议书）重申社会保障权是一项人权，它旨在通过扩大基本医疗保健和基本收入保障，实现人人享有社会保障和社会服务的权利。总的来说，国际劳工组织制定社会保障标准坚持人权保障的原则，所有社会成员，不分民族、种族、国籍、性别，都有权享受社会保障，都能够有尊严地生活下去。

我国曾经是一个农业人口占多数的发展中国家，长期以来社会保障立法是以"干部—工人—农民"的身份差别为标准加以区别对待，导致社会保障体系碎片化，并使许多社会成员因社会保障覆盖面窄、体系残缺不全而受到生活风险的威胁，从而违背了人权保障的原则。我国 2004 年修改宪法，将"国家建立健全同经济发展水平相适应的社会保障制度"以及"国家尊重和保障人权"[①] 写入宪法，这不仅表明社会保障权是我国公民的宪法权利，而且也体现了我国社会保障的法制化是以人权保障为原则的法制化。2010 年颁布的《社会保险法》在一定程度上体现人权保障原则，如基本养老保险和基本医疗保险覆盖范围不仅包括城镇职工，而且包括农村居民

---

① 许崇德. 宪法 [M]. 北京：中国人民大学出版社，2009：44.

和城镇居民。第十条第三款规定："公务员和参照公务员法管理的
工作人员养老保险的办法由国务院规定。"① 相关规定还存在"干
部—工人—农民"的身份差别，如工伤保险、失业保险、生育保险
主要覆盖城镇职工。因此，我国应加快制定《社会保障法》，坚持
人权保障原则，使人人享有全面的社会保障。

（二）逐步实现社会保障权的原则

逐步实现享有社会保障权利的原则已在联合国人权框架中得到
了充分认可和明确的阐述。和其他经济、社会和文化权利一样，享
有社会保障权是以一个国家的经济发展水平和社会发展水平以及已
具有的财政资源同步逐渐实现的。

国际劳工组织在制定社会保障标准时一直坚持这个原则。目
前，国际劳工组织扩大社会保障覆盖面行动战略可被视为是二维战
略。横向维度包括将一定程度的收入保障及医疗保健扩展到所有
人，即使在较低的基本水平上，这一维度可称为"横向"扩展。纵
向维度将寻求提供更高水平的收入保障，并获取更高质量的医疗保
健，达到即使在面对生命中重大不测，如失业、生病、病残、丧失
养家糊口之人及年老时，还能维持基本的生活水平，这一维度可被
称为"纵向"扩展。这两个维度应该齐头并进，并符合国情。横向
维度寻求将基本水平的社会保障尽快扩展到尽可能多的人群，而纵
向维度寻求扩大覆盖范围——福利的范围和水平——达到第 102 号
公约中描述的水平，甚至达到其他国际劳工组织社会保障公约所规

---

① 中华人民共和国社会保险法 [EB/OL]. [2013-09-20]. http：//www. china. com.
cn/policy/txt/2010-10/29/content_ 21225907_ 9. htm.

定的更高水平①。

我国在 2004 年的《宪法（修正案）》中明确规定"国家建立健全同经济发展水平相适应的社会保障制度"②。《社会保险法》第三条规定"社会保险制度坚持广覆盖、保基本、多层次、可持续的方针，社会保险水平应当与经济社会发展水平相适应"③。这表明我国在社会保障立法实践中，既充分考虑社会经济发展中人们对社会保障的客观要求，又客观估量所处时代的经济承受能力。随着经济增长带来的更多财政空间，国家应该为社会保障制度的发展提供机会。通过合理地设计社会保障制度，使其在资金不断增加的同时，既能够合理地按照轻重缓急处理各项优先需要，又能够随着经济的发展使社会保障水平得到提高。

（三）注重结果原则

注重结果原则是指对于国家社会保障战略而言，重要的是社会保障政策所取得结果，而不是各国为取得这些结果所采用的方法和途径。也就是说社会保障要为那些有权享有或需要享有此类津贴的人实际提供适当的福利，并相应地摆脱设计方案的繁琐机制④。

国际劳工组织在开展关于社会保障的技术咨询和能力建设服务时，根据《国际劳工组织章程》所规定的以及在社会保障公约和建议书中所体现的任务，采取的方法是实用的，它侧重于寻求获得最

---

① 国际劳工组织. 争取社会正义和公平全球化的社会保护底线 [R]. 日内瓦：国际劳工局，2011：129.

② 许崇德. 宪法 [M]. 北京：中国人民大学出版社，2009：296.

③ 中华人民共和国社会保险法 [EB/OL]. [2013-09-20]. http://www.china.com. cn/policy/txt/2010-10/29/content_ 21225907_ 9. htm.

④ ILO. Extending social security to all：A guide through challenges and options [M]. Geneva：ILO，2010：21-22.

佳的社会成果，即社会保障权的保护、社会保障的普遍覆盖、良好的融资计划、社会保障缴费和津贴水平的平衡以及治理责任，而不是专注于取得这些成果的过程和方法的学术辩论。

我国在社会保障制度建设中，更多地注重一些社会保障技术和方法，如关于城镇职工"统账结合"的养老保险制度如何做实个人账户问题，以及延长退休年龄问题等等，而忽视了寻求获得最佳的社会成果。因此，需要借鉴国际劳工组织的经验，采取科学实用的方法，追求最佳社会保障效果。

二、社会保障法律体系比较

社会保障法律制度作为一个独立的法律部门，它有自己的法律体系。社会保障法律体系是指根据社会保障项目设置的需要而制定的法律法规体系。从世界范围看，社会保障法律体系的组成结构主要有两种模式：第一种为"分散立法模式"，这种模式由德国首创。该模式根据社会救助、社会保险和社会福利等项目，分别制定社会保障法律法规并规范社会保障某一方面的关系。第二种为"集约立法模式"，这种模式由美国首创。该模式由国家统一制定一部综合性的社会保障法律法规，作为社会保障部门的基本法，并根据需要而制定若干具体的社会保障法律法规[1]。

国际劳工组织对于社会保障立法采取了"集约立法模式"。综合性的社会保障标准包括 1944 年《收入保障建议书》（第 67 号建议书）、1952 年《社会保障最低标准公约》（第 102 号公约）、1962

---

[1]　张京萍. 社会保障法教程［M］. 北京：首都经济贸易大学出版社，2007：44.

年《社会保障同等待遇公约》（第 118 号公约）和 2012 年《社会保护底线建议书》（第 202 号建议书）等，这些标准确立了社会保障的立法原则。而各类专项社会保障标准之间关系是相互平行的，也体现了综合性社会保障标准的原则和精神。各项标准对于能够享受各类社会保障的适用人员范围、领取各种保险津贴应当具备的条件、各种保险所包括的细目和津贴标准以及计算方法、津贴持续的期限、发生争议时的处理办法等等，都做了比较具体细致的规定。

　　我国长期以来的社会保障立法为"分散立法模式"①。至今还没有一部社会保障基本法对社会保障做出全面系统的原则性规定。从 20 世纪 80 年代起，我国逐步改革了养老、失业、医疗和工伤保险制度，加快了社会保险领域的立法，但社会保险法规零散且立法层次低，有关社会保险的法规多以行政法规的形式体现出来。例如，《失业保险条例》《工伤保险条例》和《劳动保障监察条例》等等。此外，养老保险和医疗保险立法是以国务院发布的"决定"形式体现出来的，如《国务院关于建立城镇职工基本医疗保险制度的决定》和《国务院关于完善企业职工基本养老保险制度的决定》等等。目前，我国已颁布实施《社会保险法》，而《社会福利法》《社会救助法》迟迟未能出台。

　　过于分散的法制建设不仅不利于社会保障的正常运行，也给社会保障项目的具体实施带来了诸多不便。因此，现代社会保障立法应当遵循集约立法的原则。尽管制定高度综合的社会保障法或法典并不适合所用国家，但是，国际劳动局在《展望 21 世纪：社会保障的发展》一书中曾经建议："法律应当用最清楚的和合理的语言

---

①　张京萍. 社会保障法教程［M］. 北京：首都经济贸易大学出版社，2007：44.

进行起草，并且，应将分散的社会保障法律尽可能综合和汇集起来。"① 这个建议依然值得我国重视。

三、社会保障主要项目比较

从各国社会保障立法项目看，社会保障主要由社会保险、社会救助、社会福利三个部分组成。这三大项目各司其职，共同实现社会保障的功能。其中，社会保险在现代社会保障体系中居于核心层次，它一般由疾病、生育、工伤、残障、失业、老年和死亡等保险项目组成，老年、疾病及失业等项目居于最重要位置，成为社会保障事业的重点。

国际劳工组织在社会保障领域立法和制度改革中，较多地站在劳动者的立场考虑问题和制定行动计划。1944 年以后，随着社会保障概念的扩大，国际劳工组织从最初为工资收入者提供社会保障，不断发展到为非工资收入者和非经济活动者提供社会保障。对后两种人的保障制度更多的是把重点放在他们作为社会成员的基本需要上，体现了社会救助和社会福利的特点②。1952 年《社会保障（最低标准）公约》（第 102 号公约）作为国际劳工组织的一个旗舰公约，它是唯一定义了 9 项传统社会保障项目的国际公约，即公约保障的项目包括医疗保健、疾病津贴、残疾津贴、老年津贴、遗属津贴、工伤津贴、失业津贴、家庭津贴和生育津贴。并且，第 102 号公约对每个项目都规定了最低标准，并规定了实现这些最低标准的

---

① 国际劳工局. 展望 21 世纪：社会保障的发展 [M]. 劳动人事出版社二室，译. 北京：劳动人事出版社，1988：77.

② 林燕玲. 国际劳工标准 [M]. 北京：中国劳动社会保障出版社，2007. 196.

主要原则，如国家在确保提供福利和妥善管理有关机构和服务方面的总体责任、受保护者参与管理社会保障计划、社会保障计划的集体融资原则①。此外，2012 年《社会保护底线建议书》（第 202 号建议书）旨在扩大基本医疗保健和基本收入保障，防止或消除贫困、脆弱性以及社会排斥，以覆盖那些不被任何社会保障制度保护的人。社会保护底线至少应包括以下基本的社会保障：为所有人提供的基本医疗保健；向儿童提供的基本收入保障；向那些劳动年龄阶段却又无法获得足够收入的人员提供基本的收入保障以及向老年人提供基本的收入保障②。总的来说，目前，国际劳工组织所规定的社会保障项目包括 10 个组成部分，即除了第 102 号公约规定的 9 个项目，还包括防止贫困或社会排斥的社会救助项目（社会保护底线）③。

2010 年，我国通过了《社会保险法》，确立了覆盖城乡全体居民的社会保险体系。此外，近年来，国务院还制定《失业保险条例》《工伤保险条例》和《城市居民最低生活保障条例》《农村五保供养工作条例》等行政法规，并决定建立城乡居民基本养老保险制度和城乡居民基本医疗保险制度。我国非常重视保障特殊群体的权益，制定了《残疾人保障法》《老年人权益保障法》《妇女权益保护法》《未成年人保护法》等，在保护特殊群体权益方面形成较

① 国际劳工组织. 国际劳工公约与建议书（第一卷）[M]. 北京：国际劳工组织北京局，1994：175-198.
② R202-Social Protection Floors Recommendation, 2012 (No. 202) [EB/OL]. [2013-08-08]. http：//www. ilo. org/dyn/normlex/en/f? p = NORMLEXPUB：12100：0：NO：12100：P12100_ INSTRUMENT_ ID：3065524：NO.
③ ILO. World Social Security Report 2010/11：Providing coverage in times of crisis and beyond [M]. Geneva：ILO, 2010：23.

为完备的法律制度。总之，我国经过改革开放后 40 多年的艰苦努力，基本建成覆盖城乡居民的社会保障体系。与国际劳工组织所保护的 10 个项目相比，我国除了家庭津贴外，其他项目基本上齐全。目前，我国已经全面放开三孩政策，制定家庭津贴项目，鼓励生育二孩，三孩。这是各地政府推出的生育政策新措施。下面，就我国社会保险制度中的主要项目和国际社会保障标准进行比较。

（一）残疾、老年与遗属津贴

从保障项目看，国际劳工标准对残疾、老年与遗属津贴很早就做出了规定。早在 1919 年国际劳工组织成立时，《国际劳工组织章程》序言中指出，应当"对工人因工患病和因工负伤予以防护……规定养老金和残废抚恤金"[1]。残疾津贴是国家对丧失工作能力者提供的津贴[2]；老年津贴是国家对超过规定年龄（指退休年龄）的生存者提供的津贴[3]；遗属津贴是国家对所依靠的供养人已死亡的寡妇或孩子提供的津贴[4]。在我国，相关社会保障法律法规对残疾津贴和遗属津贴没有进行专门规定，这两项津贴在养老保险与工伤保险中有所涉及，残疾津贴指的是病残津贴和伤残津贴，老年津贴指的是养老保险，遗属津贴指的是遗属抚恤金。

在国际社会保障标准中，1952 年《社会保障（最低标准）公

---

[1] 刘旭. 国际社会保障标准 [M]. 北京：中国劳动社会保障出版社，2003：146-147.

[2] 国际劳工组织. 国际劳工公约与建议书（第一卷）[M]. 北京：国际劳工组织北京局，1994：189.

[3] 国际劳工组织. 国际劳工公约与建议书（第一卷）[M]. 北京：国际劳工组织北京局，1994：181-182.

[4] 国际劳工组织. 国际劳工公约与建议书（第一卷）[M]. 北京：国际劳工组织北京局，1994：190-191.

约》（第 102 号公约）对残疾津贴、老年津贴和遗属津贴规定了最低标准，1967 年《残疾、老年和遗属公约》（第 128 号公约）和 1967 年《残疾、老年和遗属建议书》（第 131 号建议书）对残疾津贴、老年津贴和遗属津贴规定了较高的津贴水平，扩大了适用范围。我国《社会保险法》是一项综合性的制度安排，其规定的待遇包括养老、医疗、工伤、失业和生育保险，在《社会保险法》第二章基本养老保险中规定了残疾津贴和遗属津贴，在第四章工伤保险中也规定了伤残津贴和遗属津贴。另外，2004 年《工伤保险条例》（2010 年 12 月 20 日修订）也规定了伤残津贴和遗属津贴的内容。下面从覆盖范围、津贴的支付和受保护人领取津贴的期限进行比较。

1. 覆盖范围

第 102 号公约和第 128 号公约分别规定了残疾、老年和遗属津贴的覆盖范围，受保护人可以选择三种类别中的一种。在第 102 号公约中，受保护人应包括：规定类别的雇员，其在全体雇员中的构成不低于 50%；规定类别的经济活动人口，其在全体居民中的构成不低于 20%；凡在意外事故期间，其收入不超过规定限度的全体居民①。在第 128 号公约中，受保护人应包括：或是包括学徒在内的全体雇员；或是被规定类别的经济活动人口，其总数至少占经济活动总人口的 75%；或是全体居民，或在事故发生时其收入不超过规定限度的居民。在经济不够发达的国家，可以把保障范围缩小到规定类别的雇员，其总数至少占全体雇员的 25%；或是规定类别的工

---

① 国际劳工组织. 国际劳工公约与建议书（第一卷）［M］. 北京：国际劳工组织北京局，1994：182.

业企业雇员，其总数至少占工业企业全体雇员的50%①。

我国《社会保险法》规定了养老保险的覆盖范围为职工、无雇工的个体工商户、未在用人单位参加基本养老保险的非全日制从业人员以及其他灵活就业人员、农村居民和城镇居民，而病残津贴和遗属津贴覆盖参加基本养老保险的个人，但不包括农村居民和城镇居民。和国际社会保障标准相比，我国的残疾、老年与遗属津贴的覆盖范围比第102号公约规定的宽，比第128号公约规定的窄。另外，我国对这些津贴的覆盖范围没有规定一定的比例标准。

2. 津贴支付

第128号公约规定残疾、老年和遗属津贴应定期支付。津贴率有三种计算方法，其中的两种是假设标准受益人在津贴覆盖期间，可同时得到一定数额的家庭补贴。在这种情况下，第一种方法的津贴率是标准受益人以往收入的一定比例，第二种方法的津贴率是普通成年男人劳动力工资的一定比例；第三种方法的津贴率是依照主管机关规定的规则所制定的等级表计算。如采用第一种方法，残疾津贴至少等于标准受益人以往收入和家庭补贴两项总和的50%，而老年津贴和遗属津贴至少等于标准受益人以往收入和家庭补贴两项总和的45%。

我国《社会保险法》对于基本养老金做了一些定性规定，即基本养老金由统筹养老金和个人账户养老金组成。对于养老金、病残和遗属津贴没有规定津贴的计算方法和具体津贴率。《工伤保险条例》第三十五条和第三十六条对于伤残津贴进行了定量的规定。与

---

① 国际劳工组织. 国际劳工公约与建议书（第一卷）［M］. 北京：国际劳工组织北京局，1994：443-447.

国际社会保障标准相比，我国的伤残津贴高于第 102 号公约和第 128 号公约规定的标准，遗属津贴低于第 128 号公约规定的标准。

3. 领取津贴的资格条件

为了防止滥用津贴，享受津贴的权利应以完成一定的合格期限为条件，例如，合格期限应包括缴费期限、就业期限和居住期限或上述几种期限的组合①。第 102 号公约和第 128 号公约都规定了残疾、老年与遗属津贴的合格期限，残疾津贴应确保发给那些缴费或就业满 15 年，或居住满 10 年的受保护人；老年津贴应确保发给那些达到退休年龄，缴费或就业满 30 年，或居住满 20 年的受保护人；遗属津贴应确保发给那些供养人缴费或就业满 15 年，或居住满 10 年的受保护人②。在我国，根据《社会保险法》，领取基本养老保险的资格条件为：达到法定退休年龄，并且缴费满十五年，才能按月领取基本养老金③。领取遗属津贴和残疾津贴没有规定合格期限的资格条件。和国际社会保障标准相比，我国对于领取残疾、老年与遗属津贴规定资格条件比较低。

（二）医疗与疾病津贴

医疗即疾病治疗，是指对于不论其起因的任何病态情况而需要预防性或治疗性医疗的受保护人而提供的预防性或治疗性医疗。医疗的目的是维护、恢复或改善受保护人的健康、工作能力以及应付

---

① 该合格期限的定义适用于所有的意外事故.

② 国际劳工组织. 国际劳工公约与建议书（第一卷）[M]. 北京：国际劳工组织北京局，1994：181-192.

③ 中华人民共和国社会保险法 [EB/OL]. [2013-09-20]. http：//www. gov. cn/flfg/2010-10/28/content_ 1732964. htm.

个人需要的能力①。疾病津贴是指根据国家法规的规定，对因疾病不能工作并导致停发工资的受保护人而提供的收入保障②。疾病津贴的目的在于保障受保护人的基本生活。1952 年《社会保障最低标准公约》（第 102 号公约）第二部分对医疗和疾病津贴规定了最低标准，1969 年《医疗和疾病津贴公约》（第 130 号公约）和 1969 年《医疗和疾病津贴建议书》（第 134 号建议书）对医疗和疾病津贴规定了较高的标准，扩大了适用范围。在我国，1989 年《公费医疗管理办法》③、1998 年《关于建立城镇职工基本医疗保险制度的决定》与 2010 年《社会保险法》对医疗保险进行了一些规定。而 1998 年《关于建立城镇职工基本医疗保险制度的决定》与 2010年《社会保险法》规定医疗保险的重点在于各方承担因治疗疾病所发生的医疗费用，对疾病津贴没有进行相关规定。下面就医疗的覆盖范围、津贴的支付、津贴的期限进行比较。

1. 医疗的覆盖范围

第 102 号公约和第 130 号公约分别规定了医疗的覆盖范围，受保护人可以选择三种类别中的一种。第 102 号公约覆盖的受保护人包括：规定类别的雇员，其在全体雇员中的构成不低于 50%，以及他们的妻子和孩子；规定类别的经济活动人口，其在全体居民中的构成不低于 20%，以及他们的妻子和孩子；规定类别的居民，其在

---

① 国际劳工组织. 国际劳工公约与建议书（第一卷）[M]. 北京：国际劳工组织北京局，1994：481.

② 国际劳工组织. 国际劳工公约与建议书（第一卷）[M]. 北京：国际劳工组织北京局，1994：481-483.

③ 公费医疗管理办法 [EB/OL]. [2013-09-20]. http://www. gov. cn/banshi/2005-08/04/content_ 20276. htm.

全体居民中的构成不低于50%①。第130号公约覆盖的受保护人包括：包括学徒在内的全部雇员，以及他们的妻子和孩子；经济活动人口中的构成不低于75%，以及他们的妻子和孩子；规定类别的居民，其总数在全体居民中的构成不低于75%②。此外，第134号建议书主张逐步将医疗的覆盖范围扩大到全部经济活动人口和全体居民③。在我国，根据《社会保险法》，基本医疗保险覆盖全体居民。此外，根据《公费医疗管理办法》，公费医疗对象包括公务员、事业单位工作人员、公立医院职工、高校教职工等。随着20世纪90年代后，随着城镇职工医疗保险制度的确立和完善，公费医疗制度对象逐步纳入基本医疗保险范围。截至2012年2月，中国31个省区市中至少有24个已取消公费医疗，全部参加医疗保险，其他省份正在逐步取消公费医疗，医保取代公费医疗是大势所趋④。总的来说，我国的医疗保险覆盖全体居民，它比第130号公约规定的标准宽，达到第134号建议书的要求。

2. 医疗服务项目

根据第102号公约，受保护人在疾病的情况下必须享有以下医疗服务：普通医生的诊治，包括到家庭出诊；由专家进行的治疗；

---

① 国际劳工组织. 国际劳工公约与建议书（第一卷）[M]. 北京：国际劳工组织北京局，1994：177-178.
② 国际劳工组织. 国际劳工公约与建议书（第一卷）[M]. 北京：国际劳工组织北京局，1994：481.
③ 国际劳工组织. 国际劳工公约与建议书（第一卷）[M]. 北京：国际劳工组织北京局，1994：495-496.
④ 中国24省份公务员取消公费医疗 [EB/OL]. [2013-09-25]. http：//www. ln. xinhuanet. com/jkpd/2012-06/15/c_ 112223822. htm.

药物的供应；必要时的住院①。第 130 号公约除了上述的治疗外，还提供牙科治疗和医疗康复，包括提供、维修和更换矫形器具在内②。根据第 134 号建议书，医疗还应该包括提供医疗辅助器具，如眼镜以及病后康复服务③。这些标准提供医疗服务的目的是维持、恢复或改善受保护人的健康及其工作和个人生活自理的能力。

在我国，《社会保险法》第三十一条第二款规定："医疗机构应当为参保人员提供合理、必要的医疗服务。"④ 该规定只是笼统地提到医疗服务，没有明确医疗服务的具体内容。《公费医疗管理办法》规定了医疗服务的项目涉及门诊、住院或必要药物的提供等。和国际社会保障标准相比，我国医疗机构为参保人员提供的医疗服务项目比第 102 号公约规定的少，比第 130 号公约和第 134 号建议书规定的项目少得更多。

3. 医疗服务期限

在整个生病期间，医疗服务应予以保证。第 102 号公约规定，成员国对每例疾病的医疗期限不得少于 26 周，或者经济和医疗设施不够发达的国家，每例可限为 13 周⑤。根据第 130 号公约，当受

---

① 国际劳工组织. 国际劳工公约与建议书（第一卷）［M］. 北京：国际劳工组织北京局，1994：178.

② 国际劳工组织. 国际劳工公约与建议书（第一卷）［M］. 北京：国际劳工组织北京局，1994：482.

③ 国际劳工组织. 国际劳工公约与建议书（第一卷）［M］. 北京：国际劳工组织北京局，1994：496.

④ 中华人民共和国社会保险法［EB/OL］.［2013-09-20］. http：//www. gov. cn/flfg/2010-10/28/content_ 1732964. htm.

⑤ 国际劳工组织. 国际劳工公约与建议书（第一卷）［M］. 北京：国际劳工组织北京局，1994：178.

保护人尚属于某一类保护人时，其享受医疗的期限不得少于 26 周①。第 102 号公约和第 130 号公约都规定，当受保护人继续领取疾病津贴时，接受的医疗服务不应暂停，并且，在疾病需要长期治疗时，享受的医疗服务期限必须给予延长②。

我国关于医疗保险的相关法律法规对医疗服务的期限没有具体规定。这意味着在整个生病期间，医疗服务应予以保证。

4. 受保护人承担费用的限度

第 130 号公约规定医疗服务的受益人或其供养人必须分担预防性和治疗性医疗的费用，有关分担费用的规定应力求不要造成过重的负担和危及医疗保护和社会保护的切实有效③。

在我国，《公费医疗管理办法》建立了公费医疗制度。公费医疗开支范围涉及门诊、住院所需的诊疗费、手术费、住院费、门诊费或住院期间经医师处方的药费。公费医疗制度是我国对享受对象实行的一种免费医疗保障制度。随着 20 世纪 90 年代后，随着城镇职工医疗保险制度的确立和完善，公费医疗制度对象逐步纳入基本医疗保险范围，原有公费医疗制度将自动取消。在我国，根据《关于建立城镇职工基本医疗保险制度的决定》（国发〔1998〕44 号）的规定，基本医疗保险基金实行社会统筹和个人账户相结合的办法，但这些规定只是定性的规定了医疗保险受益人所要承当费用的

---

① 国际劳工组织. 国际劳工公约与建议书（第一卷）[M]. 北京：国际劳工组织北京局，1994：483.

② 国际劳工组织. 国际劳工公约与建议书（第一卷）[M]. 北京：国际劳工组织北京局，1994：483.

③ 国际劳工组织. 国际劳工公约与建议书（第一卷）[M]. 北京：国际劳工组织北京局，1994：483.

情况。和国际社会保障标准相比，我国受保护人承担一定比例的医疗费用。

（三）工伤津贴

工伤津贴也称工伤保险，是指国家对因工患病或负伤的人员提供的津贴①。

1952 年《社会保障（最低标准）公约》（第 102 号公约）第六部分对工伤津贴规定了最低标准，1964 年《工伤事故和职业病津贴公约》（第 121 号公约）和 1964 年《工伤事故津贴建议书》（第 121 号建议书）对工伤事故和职业病津贴规定了较高的津贴水平，扩大了适用范围。在我国，2004 年颁布的《工伤保险条例》（2010 年 12 月 20 日进行了修订）和 2010 年 10 月颁布的《社会保险法》对工伤保险进行了规定。下面从覆盖范围、津贴待遇以及津贴期限方面进行比较。

1. 覆盖范围

第 102 号公约和第 121 号公约都把雇员确定为受保护人。公职人员和包括海上渔民在内的海员受专门法律保护，可以排除在公约实施范围之外。根据第 102 号公约，受保护人应包括规定类别的雇员，其在全体雇员中的构成不低于 50%②。第 121 号公约规定，关于工伤事故和职业病津贴的国家法规，应保护包括合作社在内的公营或私营部门在内的全体雇员（包括学徒），并在家庭供养人死亡

---

① 国际劳工组织. 国际劳工公约与建议书（第一卷）［M］. 北京：国际劳工组织北京局，1994：360.

② 国际劳工组织. 国际劳工公约与建议书（第一卷）［M］. 北京：国际劳工组织北京局，1994：184.

时，保护各类受益人①。第 121 号建议书要求，将有关工伤事故津贴的国家法律的实施范围逐步扩大到不属于第 121 公约保护的任何一类雇员，如临时工、在家工作的工人以及雇主家属等。并且还建议各成员国应确保向规定类别的自雇者和某些不领取工资的劳动者提供津贴，必要时可采取自愿保险的办法②。在我国，《工伤保险条例》覆盖除公务员和参照公务员法管理的工作人员之外的所有组织和有雇工的个体工商户以及这些组织的全部职工或者雇工。这些规定超过了第 102 号公约规定的标准，达到第 121 号公约规定的标准。

2. 工伤待遇

第 102 号公约和第 121 号公约规定的工伤待遇包括四种类型：接受医疗及相关服务；因患病不能工作并停发工资而获得的现金津贴；全部或部分丧失谋生能力的情况下获得的现金津贴；在供养人死亡情况下获得的现金津贴③。提供医疗的目的是维持、恢复或改善受保护人的健康及其工作和生活自理的能力。对于暂时丧失工作能力，很可能永久性完全丧失挣钱能力，或相应丧失官能的情况，根据第 102 号公约，对一个标准受益人来说，定期支付的津贴数额应达到 50% 的参照工资。根据第 121 公约，这个比例提高到 60%，此外，第 121 建议书指出，津贴率应不低于工伤事故人员以前收入

---

① 国际劳工组织. 国际劳工公约与建议书（第一卷）[M]. 北京：国际劳工组织北京局，1994：359.
② 国际劳工组织. 国际劳工公约与建议书（第一卷）[M]. 北京：国际劳工组织北京局，1994：373-374.
③ 国际劳工组织. 国际劳工公约与建议书（第一卷）[M]. 北京：国际劳工组织北京局，1994：361.

的 2/3①。

我国的工伤保险待遇类型包括工伤医疗待遇（医疗费用、康复性资料费用、辅助器具安装配置费用、住院伙食补助费和转外地治疗的交通和食宿费）、工资福利待遇、伤残待遇（一次性伤残补助金、伤残津贴和生活护理费）、死亡待遇（丧葬补助、遗属抚恤金和一次性工亡补助金），基本上和第 102 公约和第 121 公约规定的工伤津贴待遇一致，但内容更为广泛，医疗待遇包括住院伙食补助费和转外地治疗的交通和食宿费，伤残待遇中包括生活护理费，死亡待遇中包括一次性工亡补助金。上述相关津贴待遇的标准如下：伤残津贴最低为本人工资的 60%；供养亲属的每月抚恤金标准为：其配偶为本人工资的 40%；而其他亲属为本人工资的 30%②。工资待遇和伤残津贴超过第 102 公约和第 121 公约规定的标准，供养亲属抚恤金低于第 102 公约和第 121 公约规定的标准。

3. 领取津贴的资格条件和期限

与其他意外事故相比，工伤事故津贴的发放并不以完成一定的合格期限为条件。工伤津贴待遇应在整个覆盖期间得到保证，津贴应从发生工伤事故的第一天开始发放，并不需要等待期。第 102 号公约规定，在因工伤导致丧失工作能力的情况下，在每例停发工资的头 3 天，不必支付津贴。第 121 号建议书主张取消任何等待期③。

---

① 国际劳工组织. 国际劳工公约与建议书（第一卷）[M]. 北京：国际劳工组织北京局，1994：374.

② 工伤保险条例 [EB/OL]. [2013-09-20]. http：//www. gov. cn/flfg/2010-12/24/content_ 1772226. htm.

③ 国际劳工组织. 国际劳工公约与建议书（第一卷）[M]. 北京：国际劳工组织北京局，1994：374.

我国《社会保险法》第三十三条规定，全部工伤保险费由用人单位缴纳，而职工不缴纳工伤保险费①，这一点和国际标准相似。但是，我国在职工享受工伤保险待遇和伤残待遇前分别要进行工伤认定和劳动能力鉴定。从用人单位提出申请到社会保险行政部门或劳动能力鉴定委员会做出认定或鉴定要经过 60 日内时间。等待期超过第 102 号公约和第 121 号建议书的规定，不利于保护职工的工伤保险权利。

（四）失业津贴

失业津贴也称失业保险，是指国家对那些有能力工作，并且可以从事工作，但无法获得合适工作而失去收入者提供的保障②。

在国际社会保障标准中，1952 年《社会保障最低标准公约》（第 102 号公约）第四部分对失业津贴规定了最低标准，1988 年《促进就业和失业保护公约》（第 168 号公约）第三部分和 1988 年《促进就业和失业保护建议书》（第 176 号建议书）对失业津贴规定了较高的津贴水平，扩大了适用范围。在我国，1998 年颁布的《失业保险条例》和 2010 年颁布的《社会保险法》对失业保险进行了相关规定。下面从覆盖范围、津贴待遇以及津贴期限方面对二者进行比较。

1. 覆盖范围

国际劳工标准第 102 号公约规定受保护人应包括规定类别的雇

---

① 中华人民共和国社会保险法 ［EB/OL］. ［2013-09-20］. http：//www. gov. cn/flfg/2010-10/28/content_ 1732964. htm.
② 国际劳工组织. 国际劳工公约与建议书（第一卷）［M］. 北京：国际劳工组织北京局，1994：180.

员，其在全体雇员中的构成不低于50%①。第168号公约规定受保护人应由按规定的各类雇员组成，人数不少于全体雇员（包括公务人员和学徒工）的85%②。第176建议书鼓励各会员国将本国失业津贴的法律的适用范围逐步扩大到全体雇员③。我国的《失业保险条例》第二条第一款规定，失业保险覆盖城镇企事业单位及其职工，这个覆盖范围比国际劳工标准窄。也就是说，在一些省市，社会团体职工、民办非企业单位职工，城镇个体工商户的雇工一般不享有失业保险。由于公务员这个群体没有失业风险，也就无所谓失业保险。这种设计影响我国劳动者合法权益的实现以及劳动力的合理流动。

2. 失业津贴标准

按照第102公约，津贴应定期支付，标准受益人（本人、妻子和两个孩子）领取的津贴数额应达到参照工资的45%④。在第168公约中，这种情况的津贴率为参照工资的50%，该公约允许国家根据实际情况，把津贴率降为参照工资的45%⑤。我国《失业保险条例》对失业保险金的标准进行了定性规定，没有定量规定。一般情况下，失业保险金的标准要低于当地最低工资标准，但是，失业保

---

① 国际劳工组织. 国际劳工公约与建议书（第一卷）［M］. 北京：国际劳工组织北京局，1994：180.
② 国际劳工组织. 国际劳工公约与建议书（第二卷）［M］. 北京：国际劳工组织北京局，1994：434.
③ 国际劳工组织. 国际劳工公约与建议书（第二卷）［M］. 北京：国际劳工组织北京局，1994：442.
④ 国际劳工组织. 国际劳工公约与建议书（第一卷）［M］. 北京：国际劳工组织北京局，1994：195.
⑤ 国际劳工组织. 国际劳工公约与建议书（第二卷）［M］. 北京：国际劳工组织北京局，1994：435.

险金要高于城市居民最低生活保障标准的水平，具体情况由当地人民政府确定，这使我国失业人员领取的失业保险金水平随意性较大。

3. 领取失业津贴的期限

受保护人的失业津贴权利一旦得到了认可，在发生意外事故的整个过程中，失业津贴均应予以发放。根据第 102 号公约，当某几类雇员受保护时，津贴期可限于为期 12 个月内的 13 周。凡在意外事故期间，其收入不超过规定限度的居民受保护时，津贴期限可限于为期 12 个月内的 26 周①。根据第 168 号公约，发放津贴的设定期限为每次失业限于 26 周，或在任何 24 个月内限于 39 周②。在我国，《社会保险法》第四十六条规定，我国失业人员的领取失业保险金的期限最长为二十四个月，最短为十二个月，具体情况视缴费年限而定③。通过比较发现，我国失业人员领取失业津贴的最短期限长于第 168 号规定的最长为 39 周的标准。

（五）生育保护

生育保护也称生育保险、生育津贴，是指国家对怀孕、分娩及其后果所需要的医疗，以及由这些情况造成的停发工资的妇女提供的津贴④。

---

① 国际劳工组织. 国际劳工公约与建议书（第一卷）［M］. 北京：国际劳工组织北京局，1994：181.
② 国际劳工组织. 国际劳工公约与建议书（第二卷）［M］. 北京：国际劳工组织北京局，1994：436-437.
③ 中华人民共和国社会保险法［EB/OL］.［2013-09-20］. http：//www. gov. cn/flfg/2010-10/28/content_ 1732964. htm.
④ 国际劳工组织. 国际劳工公约与建议书（第一卷）［M］. 北京：国际劳工组织北京局，1994：187.

在国际劳工组织社会保障标准中，1952 年《社会保障（最低标准）公约》（第 102 号公约）第二部分和第八部分对生育津贴规定了最低标准，2000 年《生育保护公约》（第 183 号公约）和 2000年《生育保护建议书》（第 191 号建议书）对生育津贴规定了较高的津贴水平，扩大了适用范围。在我国《社会保险法》中，第六章对生育保险进行了规定，《妇女权益保障法》和《女职工劳动保护特别规定》对生育津贴进行了规定。下面就生育津贴覆盖范围、产假天数和生育津贴水平方面进行比较。

1. 覆盖范围

第 102 号公约规定的受保护人包括：规定类别雇员中的所有妇女，这几类雇员在全体雇员中的构成不低于 50%，在涉及生育医疗津贴时，还包括这几类雇员中男性雇员的妻子；规定类别经济活动人口中的所有妇女，这几类人员在全体居民中的构成不低于 20%，在涉及生育医疗津贴时，还包括这几类人员中男性雇员的妻子。而第 183 号公约覆盖所有就业妇女，包括从事非正规形式工作的妇女[1]。在我国，《女职工劳动保护特别规定》覆盖范围为所有用人单位及其女职工[2]，农村妇女和非正规就业妇女还未纳入生育保险的享受范围。和国际劳工标准相比，我国的生育保险的覆盖范围比第 102 号公约宽，比第 183 号公约窄。

---

[1] C183–Maternity Protection Convention, 2000（No. 183）［EB/OL］.［2013-09-23］. http：//www. ilo. org/dyn/normlex/en/f? p = NORMLEXPUB：12100：0：NO：12100：P12100_ INSTRUMENT.

[2] 女职工劳动保护特别规定［EB/OL］.［2013-09-23］. http：//www. gov. cn/zwgk/2012-05/07/content_ 2131567. htm.

2. 产假天数

第 183 号公约明确地提出了最低生育假期权利，就业妇女经出示医疗证明或其他适宜证明，应有权享受时间不少于 14 周的产假，这个假期必须包括分娩后 6 周的强制性休假期。第 191 号建议书呼吁将产假期延长到 18 周。我国的《女职工劳动保护特别规定》第七条规定了女职工生育享受 98 天产假，其中，难产和生育多胞胎的（每多生育 1 个婴儿），可增加产假 15 天。对于女职工怀孕未满 4 个月流产的，可享受 15 天产假；怀孕满 4 个月流产的，享受 42 天产假①。通过比较发现，我国的产假天数和 2000 年《生育保护公约》规定的天数都是 98 天，而我国女职工在怀孕时遇到其他风险也可享有一定天数的产假。

3. 生育津贴水平

第 183 号公约规定必须向因休产假而缺勤的妇女提供现金津贴，津贴水平应确保妇女能够在适当的卫生条件下，并以合适的生活标准维持自己及其孩子的生活。生育津贴数额应不少于以前收入的 2/3。第 191 号建议书鼓励会员国将生育津贴提高到妇女以前的收入水平②。我国《女职工劳动保护特别规定》第八条第一款规定："女职工产假期间的生育津贴，对已经参加生育保险的，按照用人单位上年度职工月平均工资的标准由生育保险基金支付；对未

---

① 女职工劳动保护特别规定 [EB/OL]. [2013-09-23]. http://www. gov. cn/zwgk/2012-05/07/content_ 2131567. htm.

② R191-Maternity Protection Recommendation, 2000 (No. 191) [EB/OL]. [2013-09-25]. http://www. ilo. org/dyn/normlex/en/f? p=NORMLEXPUB: 12100: 0: NO: 12100: P12100_ INSTRUMENT.

参加生育保险的,按照女职工产假前工资的标准由用人单位支付。"① 可见,我国的生育津贴水平不低于国际生育保护标准。

第三节 我国社会保障权保护制度的构建

社会保障权保护的实现需要建立完善的相应的法律体系。尽管我国在国际上对社会保障权保护进行了积极承诺,但是与国际社会保障标准相比,我国社会保障权保护制度还存在理念不清、法律体系不健全、保障标准的适用范围较窄、保障项目缺乏一定的量化标准等问题。

一、对我国社会保障权保护制度的总体评价

(一)权利保障理念缺失

合理的理念是社会保障的立法基础。当前,我国社会保障基本法还未制定,社会保障实际工作中可依据的法律层次不够,这主要是由于我国社会保障权利保障的理念缺失。例如医疗保险,国际社会保障标准明确医疗的目的是维护、恢复或改善受保护人的健康、工作能力以及应付个人需要的能力,疾病津贴的目的是向因病不能工作并导致停发工资的受保护人提供收入保障。在我国,无论是1998年《关于建立城镇职工基本医疗保险制度的决定》,还是2010

① 女职工劳动保护特别规定 [EB/OL]. [2013-09-23]. http://www.gov.cn/zwgk/2012-05/07/content_ 2131567. htm.

年《社会保险法》中关于医疗保险的规定，都是关于医疗保险费的缴纳与医疗保险基金的支付，对于医疗服务的目的和项目，以及人们因患病不能工作而导致的收入损失如何补偿，没有做任何规定，这使得社会保障立法更多地定位于事本位而非人本位。

社会保障权是公民的基本人权，也是法治国家的基本要求。现代法治国家的核心精神是对基本人权的尊重和保障。我国作为社会主义法治国家，就是要保障人民当家作主的主体地位和各项民主自由权利的实现，尊重每个人的人格和尊严，保障公民的社会、经济和文化权利，保障公民人权的实现。

（二）我国社会保障法律体系不健全

纵观世界各国社会保障制度建立和发展的历史，无一不是立法在先。虽然近几年我国加速了社会保障立法进程，于2010年10月颁布了《社会保险法》，《社会救助法》已列入全国人大的立法工作计划，但到目前为止，我国还没有制定《社会保障基本法》，《社会福利法》的立法工作尚未启动。一些社会保障领域的行政法规和规章大都以"暂行""试行""通知""意见"等政府行政法规的形式出现，缺乏法律的权威性、统一性和稳定性。

（三）社会保障适用范围偏窄

我国自20世纪80年代以来，在经济体制改革的过程中，对传统社会保障体制进行了改革，颁布的《社会保险法》《失业保险条例》《工伤保险条例》等法律法规主要是针对城镇正规就业的职工，广大农民、农民工、灵活就业人员和无业人员以及外国人均不在法律适用范围内。大多数人无法获得应该享受的失业保险、工伤保险、生育保险，引发了许多社会问题、社会矛盾，造成我国经济社会发展中出现诸多不和谐与不协调现象。因此，应加快实现各类人群制度全覆盖。

（四）社会保障项目缺乏一定的量化标准

我国的社会保障相关法律法规中规定的各项保障项目的标准往往过于原则、抽象，有的缺乏定量标准，有的过于简化。如《社会保险法》第三十一条第二款规定："医疗机构应当为参保人员提供合理、必要的医疗服务。"① 这项规定过于笼统，没有规定医疗服务的目的及具体项目，在实践中难于操作。如《社会保险法》第三十六条第二款规定："工伤认定和劳动能力鉴定应当简捷、方便。"② 在我国，工伤认定和劳动能力鉴定还是比较复杂，这项规定没有规定工伤认定和劳动能力鉴定的具体的简捷和方便的程序。

二、我国社会保障权保护的法律体系构建

社会保障权保护的实现需要建立完善的社会保障权保护的法律体系，尽管我国在国际上对社会保障权保护进行了积极承诺，但由于宪法没有对社会保障权进行明确规定，目前社会保障权保护主要依赖社会保障法律体系中的具体规定，救济方式仅限于行政救济；而大量社会保障法律法规缺乏社会保障基本法的统领，重管理轻权利，缺乏对国家义务尤其是法律责任的明确规定。针对上述情况，把不同效力层次的各种法规，按照效力层次高低顺序组成的"宝塔

---

① 中华人民共和国社会保险法［EB/OL］．［2013-09-20］．http：//www.gov.cn/flfg/2010-10/28/content_ 1732964. htm.

② 中华人民共和国社会保险法［EB/OL］．［2013-09-20］．http：//www.gov.cn/flfg/2010-10/28/content_ 1732964. htm.

式"结构，即宪法、社会保障基本法、专项社会保障法律及以下各层次社会保障法规的组合。具体来说，我国社会保障权保护的法律体系应包括以下四个层次：

第一层次是宪法。在该层次，通过修订宪法，明确公民的社会保障权以及国家保护社会保障权的义务和责任，这是我国履行国际人权法义务的集中体现，也是加快我国社会保障立法的前提和基础。

第二层次是社会保障基本法。目前，我国已制定《社会保险法》《劳动法》等社会保障相关法律，为保护社会保障权并促进社会保障权的实现提供了保障。由于缺乏社会保障基本法，社会保障法体系零散而不成系统，因此，需要学习和借鉴国际社会保障标准的先进理念和原则，尽快制定社会保障基本法，确定社会保障的立法原则和宗旨。

第三层次是专项社会保障法。根据社会保障基本法的立法宗旨和原则，可以制定《社会保险法》《社会救助法》和《社会福利法》等专项法律以及相应的《社会保障基金管理法》。在没有社会保障基本法的情况下，也可以根据实际情况，在条件成熟时，制定相应的专项社会保障法，如2010年制定了《社会保险法》，《社会救助法》也在酝酿之中。

第四层次是各层次的社会保障法规体系。根据专项基本法，我国可相应地制定《养老保险条例》和《医疗保险条例》等社会保障法规。

总之，上述四个层次，从宪法到具体制度，将为我国社会保障权的实现提供完善的法律保护。

三、我国社会保障权保护制度的具体内容构建

根据我国目前的社会保障法律状况和社会保障权国际保护的发展，笔者认为，当前最紧迫的任务是修改宪法明确社会保障权以及制定社会保障基本法、社会保障单行法。

（一）宪法条文

社会保障权是 20 世纪以来各国宪法中普遍确认的一项权利，而这一权利既体现了宪法有史以来的保障公民权利，规范国家权力的基本价值，也意味着其作为宪法规范应具有的法律意义。我国宪法规范的内容包括四条，即《宪法》第十四条第四款、第三十三条第三款、第四十四条和第四十五条。但这四条并没有明确社会保障权以及明确规定社会保障权具体的内容。这种状况对外是不能履行所承担的国际义务，对内是不符合人民愿望的，这阻碍了我国社会保障事业的发展和社会保障法制的进步。

解决上述问题的方案或路径主要有以下两种：一是宪法解释，二是宪法修改。所谓宪法解释，是指宪法解释机关根据宪法的基本精神和基本原则，对宪法规定的含义、界限及相互关系所做的具有法律效力的说明[1]。对于宪法第四十五条"物质帮助权"，可把它解释为相当于社会保障权来解决问题。如果这样做，又会与第四十四条出现不协调问题，并且，2004 年增加的第十四条第四款显得多余。所谓宪法修改，是指宪法修改机关认为宪法的部分内容不适应社会实际，而根据宪法规定的特定修改程序删除、增加、变更宪

---

[1]　许崇德. 宪法 ［M］. 北京：中国人民大学出版社，2009：49.

法部分内容的活动①。总的来说，比较释宪和修宪两条路径，修宪是更理想和更可取的方案。具体而言，可在现行宪法第二部分公民的基本权利和义务中把上述四个条款整合在一起，即为第四十四条：中华人民共和国公民均享有社会保障。国家在有限资源范围内，直接或与公共组织、私人组织合作，采取合理措施，逐步促进在下列情况下社会保障权利的实现：1. 因疾病、残疾、生育、工伤、失业、年老或家庭成员死亡而缺乏与工作有关的收入；2. 负担不起医疗保健；3. 家庭支持不足，尤其是对儿童和成年被抚养人。

（二）社会保障基本法

根据宪法中所确立的社会保障权，通过制定社会保障基本法，满足人们在各种意外事故情况下的各种需求，对公民的社会保障权进行制度保护。具体来说，社会保障法的根本目标、基本原则、基本内容、社会保障基金的筹集和分配等问题都关系到社会保障权保护的实现。笔者认为，从我国实际情况出发，借鉴1952年《社会保障（最低标准）公约》（第102号公约）及相关专项社会保障公约，对我国《社会保障法》进行以下构想。

1. 社会保障法的总则

社会保障法总则必须体现人权保障原则，以宪法中确定社会保障权作为核心，具体内容包括社会保障制度的基本原则、根本目标和国家义务。

社会保障制度的基本原则包括人权保障原则、维护经济效率与

---

① 许崇德. 宪法 [M]. 北京：中国人民大学出版社，2009：40.

社会公正二者内在统一原则、注重效率和社会效果原则。

　　社会保障制度的根本目标包括维护公民的合法社会保障权益，发展社会保障事业，保障公民共享社会经济文化发展成果，促进社会经济健康和谐可持续发展，维护社会的稳定。其中，保护公民社会保障权是一切社会保障立法的首要目标，只有这样，才能真正实现以人为本，促进每个人全面发展和经济社会的可持续发展。

　　在社会保障法总则中，还应对国家义务进行明确的规定。国家对社会保障权的义务包括尊重、保护和实现的义务，以及国际合作和援助义务、核心义务。此外，社会保障法应明确规定，国家必须在有限资源范围内，采取措施以逐步实现公民的社会保障权。

　　2. 社会保障基本制度

　　社会保障基本制度主要包括：

　　第一，社会保险制度。保护劳动者的社会保险权益；建立覆盖城乡劳动者、全国统一的社会保险制度；明确政府的社会保险责任；坚持基本待遇水平统一且适当、缴费率统一、行政管理职责统一、权利与义务相一致的原则。

　　第二，社会救助制度。坚持保护弱者、关注民生、关爱弱势群体、保护未成年人，保障残障人士的基本生活条件，实现个人的尊严；强调资金来源由政府主导、来源多元化；社会救助机构应当接受主管机关的监督和社会各界的广泛监督；坚持救助标准统一、与经济社会发展水平相适应、与其他社会保障制度相衔接、鼓励劳动自救等原则。目前，制定《社会救助法》已列入十三届全国人大常委会立法规划第一类项目。在社会救助立法方面强调提高立法质量，在提高立法质量时又特别强调法律的可执行性。

第三，社会福利制度。明确社会福利的体系框架；强调中央政府和地方政府在社会福利行政和财政中的责任、政府机构和民间机构之间的关系以及在提供社会福利服务中的责任和义务；确立各分支领域中需要共同遵循的原则；提高国民的医疗、教育以及住房等方面的保障水平。

第七章

结　论

本书通过对国际社会保障标准、对社会保障权的理论基础、保护历程、法律框架、基本内容、面临挑战以及未来的发展趋势进行分析，探索当前国际社会保障领域存在的社会保障覆盖面不足、社会保障私有化等各种问题的根源以及实现人人享有社会保障的对策。通过比较我国社会保障权保护的法律制度与国际社会保障标准的异同，借鉴国际社会保障标准的经验和教训，对我国的社会保障法律制度进行构建，以实现人人享有基本社会保障的目标。通过对以上研究内容的归纳思考，进一步得出本书的基本结论。

第一，社会保障权是一项基本人权和国家的一项责任。社会保障权已在国际法中得到确认，1948 年，联合国通过《世界人权宣言》，确认社会保障作为一项人权，并且是一项个人权利。社会保障权随后被载入 1966 年《经济、社会和文化权利国际公约》和一系列国际人权条约和区域人权条约中。

社会保障权对于个人尊严和个性的发展是必不可少的，社会保障权不仅包括人们在面临与工作有关的风险和意外事故时获得社会保险津贴的权利，而且还包括人们在负担不起医疗服务或没有充足家庭支持的情况下获得医疗服务或家庭津贴的权利。社会保障权的性质包括全面性、普享性、充足性和适当性，以及非歧视性。社会保障应被视为一项社会利益，而不是主要作为单纯的经济或金融政策工具。《经济、社会和文化权利国际公约》作为一项国际公约，目前已有 160 个联合国成员国批准或接受了该公约的第 9 条，承诺在其国土范围内保证人人享有社会保障权。因此，国家有义务采取立法措施，会同财政、行政、教育和社会措施，逐步使社会保障权得到充分实现。通过采用具体的法律规定，国家必须遵守其在社会保障权实施的尊重、保护和履行义务方面做出的承诺。由其他国际和区域文书所宣称的社会权利，也需要国家积极采取行动。

第二，国际社会保障标准通过制定最低保障标准确保社会保障权的实现。国际人权文书和监督机制确认社会保障权，但没有详细规定社会保障权的确切定义和内容。国际劳工组织作为负责制定和推动劳工标准的联合国机构，制定了大量的社会保障标准，规定了社会保障权的参数和实质性内容。国际人权文书主要确立了个人的社会保障权，但为了有效地实现这项权利，国家必须予以保障，国际社会保障标准主要规定国家对享有社会保障权的人们负有提供津贴的义务。国际社会保障标准形成了一个严密简洁的社会保障发展框架，为社会保障九个项目（医疗服务、疾病津贴、失业津贴、老年津贴、工伤津贴、家庭津贴，生育津贴、病残津贴和遗属津贴）设立了最低标准和更高标准，规定了外国工人与本国工人享受同等的社会保障待遇，建立了维护社会保障权利的国际体系，为成员国建立社会保护底线提供了指导准则。多年来，社会保障标准发展成为国际法中的一个单独分支，并按照第 102 号公约确立的原则进行编纂。国际社会保障法和人权法之间的相互作用，引领全球社会保障逐步发展，并通过最低保障标准支持人权保护。

第三，在全球化的背景下，国际社会保障标准对社会保障权的保护面临多重挑战。联合国和国际劳工组织通过的国际文件承认人人有权享有社会保障。几十年过去了，世界经济、社会和政治背景以及主流经济学都发生了极其深刻的变化。在 21 世纪，大多数低收入国家的社会保障仍达不到第 102 号公约规定的水平。因为，传统的制度没有将社会保障扩大到占国家经济绝大部分的非正规部门、农业部门等。在全球化的背景下，社会保障权保护面临社会保障覆盖面不足、社会保障私有化、社会保障公约批约率较低以及社会保障公约的监督机制薄弱的挑战。

第四，国际劳工组织通过扩大社会保障覆盖面、制定社会保护底线等行动措施，应对社会保障面临的各种挑战和满足人们的社会保障需求。近年来，国际劳工组织积极采取行动扩大社会保障覆盖面、倡导国家主导的养老金制度改革、确保社会保障政策与经济政策的一致性。2012 年 6 月，第 101 届国际劳工大会通过了《社会保护底线建议书》（第 202 号建议书）。该建议书是全球性社会政策的一个突破，它要求各国在国家发展进程中，尽早实施社会保护底线。目前，一些国家已经实施了社会保护底线的部分主要内容，对消除贫困和不平等以及促进社会融合和经济发展产生了巨大影响。进入 21 世纪，国际劳工组织制定标准的活动出现新的特征，国际社会保障标准的发展趋势为公约内容趋向于权利的确定性和实施手段的灵活性相结合、社会保障标准的适用范围不断扩大、社会保障标准逐渐采取以人权为导向的"软法"方法。

　　第五，借鉴国际社会保障标准的经验和教训，对我国的社会保障权保护的法律制度进行构建。我国是国际劳工组织的创始成员国，也是该组织的常任理事国，但至今尚未批准一项国际社会保障标准。在全球化的背景下，我国必须立足国情，借鉴社会保障权保护的国际经验，使社会保障立法与国际接轨，才能切实实现人人享有社会保障的目标。我国社会保障权保护的法律制度主要以国际条约、宪法、法律、法规、规章为主要形式。截止到 2021 年 6 月，我国先后批准或加入 26 项国际人权文书，包括 6 项联合国核心人权条约，其中，有 5 项是把社会保障权作为一项基本人权加以保护。我国对社会保障权的保护已经做出了国际承诺，但我国宪法还没有明确规定社会保障权，并且，还没有制定社会保障基本法。与国际社会保障标准相比，我国社会保障权保障理念不清、法律体系不健全、保障范围偏窄、保障项目缺乏一定的量化标准。因此，当前最紧迫的任务是修改宪法以明确社会保障权，同时，制定社会保障基本法、社会保障单行法。

　　本书对社会保障权及其国际保护与国内保护问题只是从基本层面上进行了探讨，本人将继续努力，对这个课题进行更深入的研究。

参考文献

中文文献

1. 王家宠. 国际劳动公约概要 ［M］. 北京：中国劳动出版社，1991.

2. 任扶善. 世界劳动立法 ［M］. 北京：中国劳动出版社，1991.

3. 国际劳工组织. 国际劳工公约与建议书（第一卷）［M］. 北京：国际劳工组织北京局，1994.

4. 国际劳工组织. 国际劳工公约与建议书（第二卷）［M］. 北京：国际劳工组织北京局，1994.

5. ［英］米尔恩. 人的权利与人的多样性 ［M］. 夏勇，张志铭，译. 北京：中国大百科全书出版社，1995.

6. 程晓霞. 国际法 ［M］. 北京：中国人民大学出版社，1999.

7. 史探径. 社会保障法研究 ［M］. 北京：法律出版社，2000.

8. 郑功成. 社会保障学：理念、制度、实践与思辨 ［M］. 北京：商务印书馆，2000.

9. 杨燕绥. 劳动与社会保障立法国际比较研究 [M]. 北京：中国劳动社会保障出版社，2001.

10. 穆怀中. 社会保障国际比较 [M]. 北京：中国劳动社会保障出版社，2001.

11. [法] 戴尔玛斯-马蒂. 世界法三个挑战 [M]. 罗结珍，等译. 北京：法律出版社，2001.

12. [美] 唐纳利. 普遍人权的理论与实践 [M]. 王浦劬，译. 北京：中国社会科学出版社，2001.

13. 汪习根. 法治社会的基本人权：发展权法律制度研究 [M]. 北京：中国人民公安大学出版社，2002.

14. [法] 迪贝卢. 社会保障法 [M]. 蒋元元，译. 北京：法律出版社，2002.

15. 刘旭. 国际劳工标准概述 [M]. 北京：中国劳动社会保障出版社，2003.

16. [法] 卡特琳. 社会保障经济学 [M]. 郑秉文，译. 北京：法律出版社，2003.

17. 周长征. 全球化与中国劳动法制问题研究 [M]. 南京：南京大学出版社，2003.

18. 常凯. 劳权论：当代中国劳动关系的法律调整研究 [M]. 北京：中国劳动社会保障出版社，2004.

19. [英] 希尔. 理解社会政策 [M]. 刘升华，译. 北京：商务印书馆，2003.

20. 杨燕绥. 论社会保障法 [M]. 北京：中国劳动社会保障出版社，2003.

21. ［英］贝弗利奇. 贝弗利奇报告：社会保险和相关服务 ［M］. 劳动和社会保障部社会保险研究所，译. 北京：中国劳动社会保障出版社，2004.

22. 莫纪宏. 现代宪法的逻辑基础 ［M］. 北京：法律出版社，2003.

23. 国际劳工局. 社会保障：新共识 ［M］. 北京：中国劳动社会保障出版社，2004.

24. 国际社会保障协会. 21世纪初的社会保障 ［M］. 侯宝琴，译. 北京：中国劳动社会保障出版社，2004.

25. 国际社会保障协会. 社会福利的目标定位：全球发展趋势与展望 ［M］. 郑秉文，等译. 中国劳动社会保障出版社，2004.

26. ［瑞士］谢尼亚·舍尔-阿德龙. 建立社会保障——私有化的挑战 ［M］. 王发运，等译. 北京：中国劳动社会保障出版社，2004.

27. ［德］罗兰德·斯哥. 地球村的社会保障：全球化和社会保障面临的挑战 ［M］. 华迎放，等译. 北京：中国劳动社会保障出版社，2004.

28. ［美］尼尔·吉尔伯特. 激活失业者：工作导向型政策跨国比较研究 ［M］. 王金龙，等译. 北京：中国劳动社会保障出版社，2004.

29. 徐显明. 国际人权法 ［M］. 北京：法律出版社，2004.

30. 石美遐. 全球化背景下的国际劳工标准与劳动法研究 ［M］. 北京：中国劳动社会保障出版社，2005.

31. ［奥］霍尔茨曼，［美］欣茨，等. 21世纪的老年收入保障：养老金制度改革国际比较 [M]. 郑秉文，等译. 北京：中国劳动社会保障出版社，2006.

32. 莫纪宏. 国际人权公约与中国 [M]. 北京：世界知识出版社，2005.

33. 李薇薇. 禁止就业歧视：国际标准和国内实践 [M]. 北京：法律出版社，2006.

34. 吕学静. 现代各国社会保障制度 [M]. 北京：中国劳动社会保障出版社，2006.

35. [英] 哈里斯，等. 社会保障法 [M]. 李西霞，李凌，译. 北京：北京大学出版社，2006.

36. 佘云霞. 国际劳工标准：演变与争议 [M]. 北京：社会科学文献出版社，2006.

37. 杜晓郁. 全球化背景下的国际劳工标准 [M]. 北京：中国社会科学出版社，2007.

38. [加拿大] 米什拉. 社会政策与福利政策：全球化的视角 [M]. 郑秉文，译. 北京：中国劳动社会保障出版社，2007.

39. 林燕玲. 国际劳工标准：劳动与社会保障类 [M]. 北京：中国劳动社会保障出版社，2007.

40. 张京萍. 社会保障法教程 [M]. 北京：首都经济贸易大学出版社，2007.

41. 薛小建. 论社会保障权 [M]. 北京：中国法制出版社，2007.

42. 郑功成. 中国社会保障改革与发展战略：理念、目标与行动方案 [M]. 北京：人民出版社，2008.

43. 郑造恒. 公民权利与社会保障 [M]. 杭州：浙江大学出版社，2008.

44. 周鲠生. 国际法 [M]. 武汉：武汉大学出版社，2009.

45. [美] 罗尔斯. 正义论（修订版）[M]. 何怀宏，何包钢，廖申白，译. 北京：中国社会科学出版社. 2009.

46. 许崇德. 宪法 [M]. 北京：中国人民大学出版社，2009.

47. 郭曰君. 社会保障权研究 [M]. 上海：上海人民出版社，2009.

48. [美] 伯根索尔. 国家人权法精要 [M]. 黎作恒，译. 北京：法律出版社，2010.

49. 郑秉文. 中国养老金发展报告2012 [M]. 北京：经济管理出版社，2012.

50. 郑功成. 中国社会保障改革与发展战略：总论卷 [M]. 北京：人民出版社，2011.

51. 朱景文. 法理学 [M]. 北京：中国人民大学出版社，2012.

52. 杨燕绥. 社会保障法 [M]. 北京：人民出版社，2012.

53. 李志明. 社会保险权：理念、思辨与实践 [M]. 北京：知识产权出版社，2012.

54. [西] 埃斯克里瓦，[西] 富恩特斯，[西] 加里亚-埃雷罗主编. 拉美养老金改革：面临的平衡与挑战 [M]. 郑秉文，译. 北京：中国劳动社会保障出版社，2012.

55. [荷] 彭宁斯. 软法与硬法之间：国际社会保障标准对国内法的影响 [M]. 王锋，译. 北京：商务印书馆，2012.

56. [印度] 森，[阿根廷] 科利克斯伯格. 以人为本：全球化

世界的发展伦理学 [M]. 马春文, 李俊江, 等译. 长春: 长春出版社, 2012.

57. [印度] 森. 以自由看待发展 [M]. 任赜, 于真, 译. 北京: 中国人民大学出版社, 2012.

58. [印度] 森. 正义的理念 [M]. 王磊, 李航, 译. 北京: 中国人民大学出版社, 2012.

59. [英] 阿尔科克, [英] 豪克斯, [英] 梅, 等. 解析社会政策 (第五版) [M]. 董璐, 译. 北京: 北京大学出版社, 2020.

60. [德] 森森. 康德论人类尊严 [M]. 李科政, 王福玲, 译. 北京: 商务印书馆, 2022.

61. 俞可平. 北大政治学评论 (第3辑) [M]. 北京: 商务印书馆, 2018.

62. 李西霞. 国际劳工组织 [M]. 北京: 社会科学出版社, 2022.

63. 张全胜. 马克思社会正义思想研究 [M]. 北京: 中国社会科学出版社, 2019.

64. 国际劳工组织. 世界社会保障报告 (2017—2019): 全民社会保护以实现可持续发展目标 [M], 华颖, 等译校. 北京: 中国劳动社会保障出版社, 2019.

65. 王利明. 社会保障立法刍议 [J]. 法制日报, 2000 (4).

66. 尚晓援. "社会福利" 与 "社会保障" 再认识 [J]. 中国社会科学, 2001 (3).

67. 周弘. 福利国家向何处去 [J]. 中国社会科学, 2001 (3).

68. 郑秉文. 合作主义: 中国福利制度框架的重构 [J]. 新华

文摘，2002（8）.

69. 宁立成. 社会保障权略论 [J]. 湖北社会科学，2003（2）.

70. 安树坤. 论公民的社会保障权 [J]. 云南行政学院学报，2004（1）.

71. 焦洪昌. "国家尊重和保障人权" 的宪法分析 [J]. 中国法学，2004（3）.

72. 李乐平. 论社会保障权 [J]. 实事求是，2004（3）.

73. 张姝. 浅析社会保障权的主体 [J]. 行政与法，2004（12）.

74. 李德山. 农民工的社会保障权不容忽视 [J]. 人权，2004（5）.

75. 郭曰君，吴新平. 以宪法为依据，保障公民的社会保障权——从宪法修正案第二十三条谈起 [J]. 辽宁大学学报（哲学社会科学版），2004（4）.

76. 唐政秋. 社会保障权探微 [J]. 行政与法，2005（4）.

77. 薛小建. 社会保障权的价值：正义 [J]. 法学家，2005（5）.

78. 韩克庆. 经济全球化与中国社会保障制度的构建 [J]. 广东社会科学，2005（2）.

79. 刘俊霞. 公民社会保障权与农村社会保障制度 [J]. 中南财经政法大学学报，2005（4）.

80. 钟会兵. 作为宪法权利的社会保障权——基于文本与判例分析 [J]. 学术论坛，2005（10）.

81. 石宏伟，周德军. 论社会保障权和我国社会保障立法的完

善 [J]. 江苏大学学报（社会科学版），2005（9）.

82. 罗志先. 试论农民工社会保障权的法律保护 [J]. 现代法学，2006（11）.

83. 李运华. 社会保障权原论 [J]. 江西社会科学，2006（5）.

84. 张姝. 实现社会保障权的条件和机制 [J]. 社会科学战线，2006（6）.

85. 吕铁贞，郭曰君. 社会保障权相关问题探讨 [J]. 青海社会科学，2006（5）.

86. 罗志先. 试论农民工社会保障权的法律保护 [J]. 现代法学，2006（11）.

87. 刘苓玲. 论我国公民社会保障权实现的难点与途径 [J]. 商业研究，2006（17）.

88. 吴光皎，邓剑光. 社会保障权及其宪法保护的基本原则 [J]. 太平洋学报，2007（12）.

89. 郭曰君，李铁贞. 论社会保障权 [J]. 求是，2007（1）.

90. 毛益波. 和谐社会语境下社会保障权的性质探析 [J]. 东南大学学报（哲学社会科学版），2007（S2）.

91. 周芳芳. 社会保障权之权项探析 [J]. 法制与社会，2007（8）.

92. 李乐平. 论社会保障权的属性 [J]. 实事求是，2008（4）.

93. 李乐平. 论我国公民社会保障权的实现 [J]. 实事求是，2008（1）.

94. 韩克庆. 社会安全网：中国的社会分层与社会福利建设 [J]. 社会科学研究，2008（5）.

95. 黎建飞. 中国社会保障法制的发展战略——关于制定中的《社会保险法》的几点思考 [J]. 中国发展观察, 2008 (5).

96. 郭曰君. 论社会保障权的价值 [J]. 中国社会科学院研究生院学报, 2008 (3).

97. 车亮亮. "需要乃权利之母"——公民社会保障权比较研究 [J]. 经济法论坛, 2009 (0).

98. 潘孝珍. 关于社会保障权研究的文献综述 [J]. 财经政法资讯, 2009 (5).

99. 杨威. 论社会保障权的保障 [J]. 福建法学, 2009 (1).

100. 钱福臣. 宪法中私有财产权与社会保障权的优先顺位及其社会功效 [J]. 苏州大学学报 (哲学社会科学版), 2009 (5).

101. 上官丕亮. 论宪法上的社会权 [J]. 江苏社会科学, 2010 (2).

102. 富龙飞. 社会保障权研究文献述评 [J]. 郑州航空工业管理学院学报, 2011 (5).

103. 刘冬梅. 论国际机制对中国社会保障制度与法律改革的影响 [J]. 比较法研究, 2011 (5).

104. 王素芬. 继承与超越:《贝弗里奇报告》对我国社会保障立法的借鉴与启示 [J]. 行政与法, 2011 (9).

英文文献

1. ILO. Employment, incomes and equality: A strategy for increasing productive employment in Kenya [M]. Geneva: International Labour Office, 1972.

2. ILO. Introduction to Social Security [M]. Geneva: International Labour Office, 1984.

3. ILO. Into the Twenty XX first Century: the Development of Social Security: a Report to the Director General of the International Labour Office on the Response of the Social Security [M]. Geneva: International Labour Office, 1984.

4. ILO. World Labour Report 2000: Income security and social protection in a changing world [M]. Geneva: Inter na tional Labour Office, 2000.

5. ILO. Social security: A new consensus [M]. Geneva: International Labour Office, 2001.

6. ILO. System in Industrialised Countries to Economic and Social Change [M]. Geneva: International Labour Office, 2002.

7. HUMBLET M, SILVA R. Standards for the XXIst century: social security [M]. Geneva: International Labour Office, 2002.

8. ILO. Decent Work and the Informal Economy [R]. Geneva: International Labour Office, 2002.

9. ILO. Women and Men in the Informal Economy: A statistical picture [R]. Geneva: International Labour Office, 2002.

10. ILO. Information folder on Decent Work and the Millennium Development Goals [M]. Geneva: International Labour Office, 2003.

11. ILO. A fair globalization: Creating opportunities for all [M]. Geneva: International Labour Office, 2004.

12. ILO. Report on the World Commission on the Social Dimension

of Globalization [R]. Geneva: International Labour Office, 2004.

13. ILO. Social security for all: Investing in global social and economic development [R]. Geneva, International Labour Office, 2006.

14. RIEDEL E. Social Security as a Human Right: Drafting a General comment on Article 9 ICESCR – Some challenges [M]. Berlin: Springer Verlag, 2007.

15. RODGERS G, LEE E, SWEPSTON L, et al. The International Labour Organization and the quest for social justice: 1919–2009 [M]. Geneva: ILO, 2009.

16. ILO. Turning crisis into an opportunity: The role of social security in response and recovery [M]. Geneva: International Labour Office, 2009.

17. ILO, WHO. Manual and strategic framework for joint UN country operations, 2009.

18. ILO. Extending social security to all: A guide through challenges and options [M]. Geneva: International Labour Office, 2010.

19. ILO. Employment and social protection in the new demographic context [R]. Geneva: International Labour Office, 2010.

20. ILO. Social security for social justice and a fair globalization [R]. Geneva: International Labour Office, 2011.

21. ILO. World Social Security Report 2010/11: Providing coverage in times of crisis and beyond [M]. Geneva: International Labour Office, 2010.

22. CICHON MICHAEL, WODSAK VERONIKA, BEHRENDT CHRISTINA. The UN Social Protection Floor Initiative: Turning the

Tide at the ILO Conference 2011, 2011.

23. ILO. Social protection floor for a fair globalization: Policy coherence and international coordination [R]. Geneva: International Labour Office, 2011.

24. ILO. Setting Social Security Standards in a Global Society: An analysis of present state and practice and of future options for global social security standard setting in the International Labour Organization [M]. Geneva: International Labour Office, 2008.

25. ILO. Social security and the rule of law . ILC. 100/III/1B [R]. Geneva: International Labour Office, 2011.

26. ILO. Building social protection systems: International standards and human rights instruments [M]. Geneva: International Labour Office, 2021.

后　记

　　本书是在本人博士论文的基础上修改完成的。在确定博士论文选题时，源自对社会正义的追求和对社会保障事业的热爱，本人选择国际劳工标准对社会保障权的保护作为研究主题。在研读国际社会保障标准等相关国际文件和思考社会保障权保护问题时，有过出现新想法时的兴奋不已，也有过研读英文文献时的一筹莫展；有过思路被点拨后的醍醐灌顶，也有过写作不顺利时的意志消沉。之所以能够奋力前行，皆因心中充满着使命和温暖。本人坚信在国际社会保障标准研究中能够探索到构建全面社会保障的规范性框架和发展规律，在日益复杂的劳动世界中能够实现全民社会保障和社会正义。本人感恩感谢良师益友、同事同学、家人亲友在攻读博士期间的指导、帮助和支持。

　　感谢我的博士生导师郑秉文教授，从论文的选题、撰写到完成，郑老师都给予了悉心指导和付出了大量精力。郑老师渊博的专业知识、严谨的治学态度、孜孜不倦的研究热情深深地影响着我，帮我打开了研究国际社会保障的大门。感谢郑老师几年来的谆谆教诲，为我学业和生活指点迷津，激励我沿着求真务实的研究道路走下去。

感谢郑功成教授，郑老师深厚的人民情怀和治学报国精神、严谨的治学态度和丰富的学术造诣、高尚的师德情操和无私的奉献精神深深地感染着我，激励我将追求社会正义的国际劳工组织及其社会保障标准作为研究支点。感谢郑老师在专业课程的学习上和毕业论文的写作中对我的悉心教导与大力支持。

感谢我的硕士生导师吕学静教授，吕老师严谨细致做学问、全心全意为学生，在攻读硕士期间，吕老师耐心地指导我进行课题研究、编著书籍、撰写论文，带领我走上社会保障研究之路，感谢吕老师长期以来对我的学业、工作和生活给予的悉心指导、殷切关爱与大力支持。

感谢中国人民大学劳动人事学院的各位领导和老师对我的培养和帮助。感谢仇雨临教授、潘锦棠教授、杨立雄教授、韩克庆教授、杨思斌教授在博士论文开题时指导和帮助我找准论文研究方向和厘清思路。感谢五位匿名评审专家对博士论文所提出的宝贵评阅意见。感谢王延中教授、贾俊玲教授、吕学静教授、仇雨临教授、杨立雄教授在博士论文答辩过程中给予的悉心指导和中肯建议。这些宝贵的指导和建议帮助我开拓思路，并进一步修改和完善论文。

感谢中国劳动关系学院所有领导和同事在工作、学业、生活上给予的大力支持和无私帮助，以后我会更加严格要求自己，勇挑重担，努力做好教育教学、科学研究等每一项工作。

感谢同届和同门的兄弟姐妹们给予的鼓励和帮助、温暖和力量。在博士求学路上，大家分享学习中的快乐和进步，分担和治愈写作中的痛苦和焦虑，美好情谊终生难忘。

感谢我的家人给予的理解、包容、帮助和支持，你们无私、博大的永恒之爱是我勇敢前行的动力和幸福的源泉。

感谢书中所有引用和参考文献的作者、编者、译者，你们卓有成效的研究成果为本书提供了参考和借鉴。

感谢樊仙桃编辑，她为本书的出版给予了大力支持，付出了辛勤的劳动，在此表示诚挚的感谢。

需要感谢的良师益友、同事同学、亲朋好友太多太多，书不尽言，当铭记于心。

由于水平和精力有限，书中疏误和不当之处在所难免，敬请读者批评指正。